◆ 不思議な「心」のメカニズムが一目でわかる ◆

アスペルガー症候群 労支援編

々木正美 児童精神科医
永雄二 早稲田大学教育・総合科学学術院教授

kokoro library
こころライブラリー イラスト版

講談社

まえがき

本書には、アスペルガー症候群の人々の就労に関して必要な、アイデア、事実、事例などのすべてが、優れたイラストと要約された文章の組みあわせによって広く提示されています。この作業は、この領域の実践と研究にわが国でパイオニア的役割を果たしてきた、共同監修者の梅永雄二氏に負うところが大きいのです。

さらにまた、アスペルガー症候群の人々の実際の就労の場で、日常的に支援し共同して働いている現場の人々の協力が、どれほど大きなものであったかは、読者のみなさんが実感してくださることと思います。アスペルガー症候群の人々の就労に、協力を惜しまない関係者の共同作業として、本書はできあがったのです。

ですから、どのページを開いても、記述されていることはすべて具体的で実践的です。当然、過去の長い歳月にわたる臨床者や研究者の経験が、それらの基盤にはありますが、近年の高機能広汎性発達障害当事者が語る実感のある体験もクッションとなり、豊かな背景をなしていることは言うまでもありません。

アスペルガー症候群をはじめ発達障害の人々は、学習、生活、就労などの場で、周囲によき理解者に恵まれなければ、けっして安定した適応はできません。それは同時に、理解者に恵まれれば、本来の優れた特性を発揮しながら、必ず安定した適応を可能にして、幸福な日々を送ることができるということです。そのことを熟知している人々によって、本書はそういう事実の解説をしています。具体的な叡《えい》智《ち》の宝庫と自負できる本になりました。

本書の完成に協力された人々に、心から感謝を申し上げます。

二〇〇九年七月

児童精神科医
佐々木正美

アスペルガー症候群　就労支援編

●もくじ●

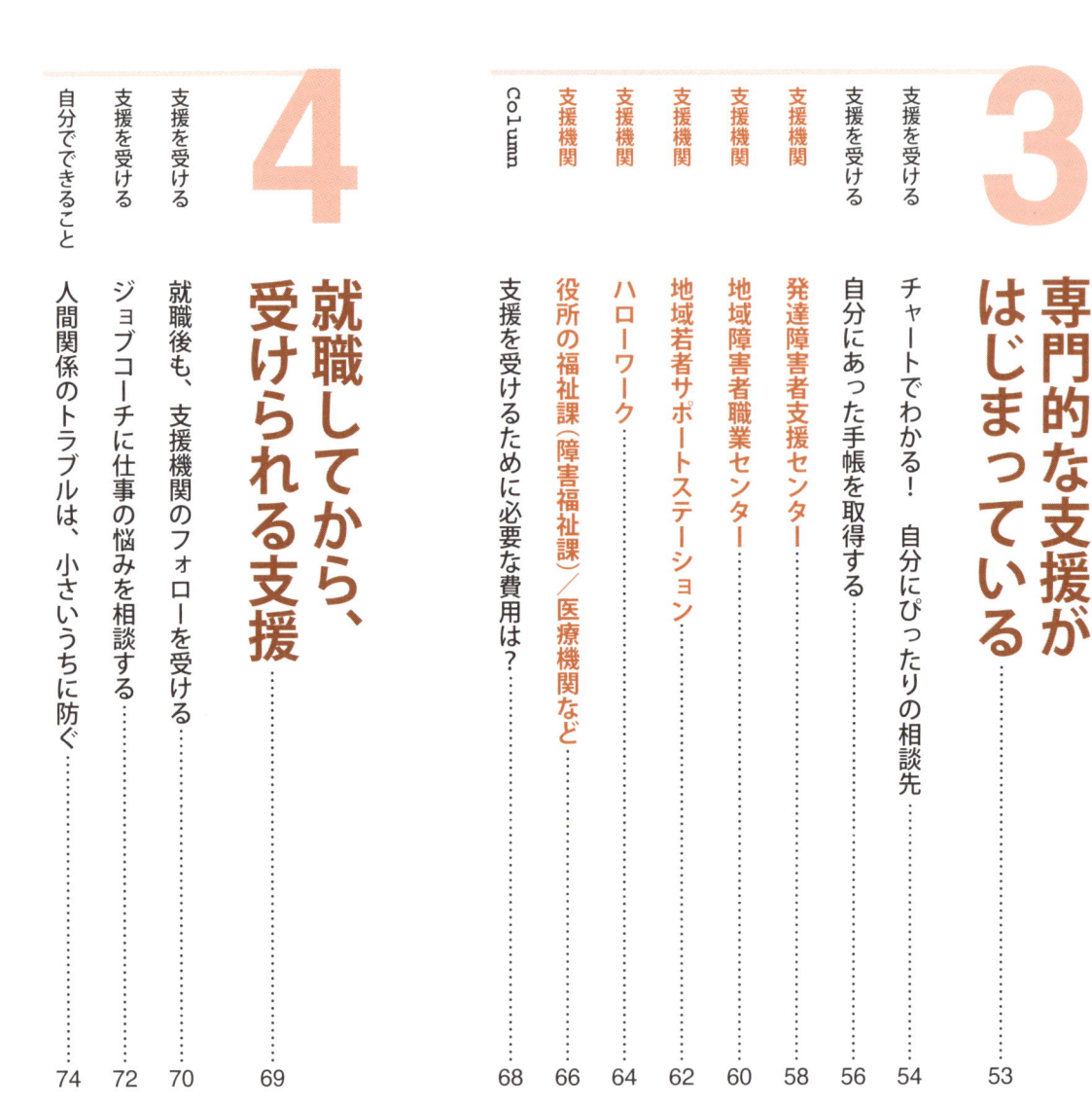

受けられる支援は、人それぞれに違う

個人差がある

発達障害は生活にさまざまな影響をおよぼしますが、その現れ方には個人差があります。とくに問題なく職場に適応できる人、人間関係に手こずる人、作業が身につかない人など、悩みは個々に異なります。

4章・5章参照

会議中にほおづえをついて「態度が悪い！」と注意される。自分には働く力がないと思い悩む

就労支援のおおまかな流れ

1 悩みに気づく

「自分には発達障害があるから、仕事ができないのではないか」と気づく

2 相談する

医療機関や支援機関などに相談。不安を打ち明け、場合によっては診断を受ける

支援のしくみは確立されていない

アスペルガー症候群の人への就労支援には、全国一律のしくみはありません。受けられる支援は個々に異なります。本書では、支援の基本的な形と事例を紹介していますが、必ずしも同様の支援を受けられるとはかぎりません。

機関ごとの差・地域差がある

発達障害者支援センター、地域障害者職業センターなど、さまざまな機関が就労支援をおこなっています。しかし、機関や地域によって活動内容は違うため、自分に適したところを探す必要があります。

3章参照

個人差や地域差のほかに、希望職種、職歴、自由に動ける時間、金銭面などの要素によって、支援の内容が変わる

支援プログラムを実施していて、いくつも支援策を提示してくれる機関もある

3 自己理解

専門家とのやりとりを通じて、発達障害の有無、行動特性、受けられる支援などを知る

4 就職活動

知りえた情報をもとに、支援を受けながら就職活動。支援機関などに相談する

自分にあった方法を探していく

就職活動のポイントは、自分にあった仕事や方法を探すことです。発達障害の特性は、消えるものではありません。無理に社交性を高めようとせず、いまできることを探しましょう。そうするうちに、ある程度、社交性が身についていきます。

相性やタイミング

就労支援は、人と人との関係で進められていきます。利用者と支援者の相性や、求人募集や応募のタイミングなどによって、結果が変わります。支援者も万能ではないということを、覚えておきましょう。

2章参照

就労してからも、同僚との相性が仕事に影響する。職場に理解者がいれば、和気あいあいと働ける

5 就労する

自分の特性にあった仕事を探し、就職活動をへて就労。まだスタート地点

6 仕事を続ける

いちばん大変なのは、仕事を続けていくこと。就労後もこまめに相談する

1 就職してがんばっている人の声

社会性やコミュニケーション能力に特性があっても、
就労に成功してがんばっている人はいます。
支援者や同僚からの支えと、本人の努力が、仕事の継続につながっています。

パソコン操作の知識をいかして働くAさん

プロフィール

Aさんは20代男性。中学、高校と順調に進学し、大学の工学部に入りました。しかし、入学後、ものごとをうまく進められないことがあり、原因がわからず、悩んでいました。

1 派遣の仕事やアルバイトをしていた

大学を休みがちだったAさん。その後は、派遣社員としての仕事やアルバイトをどうにかみつけて、生計を立てていた

2 うまくいかないことが多く、相談・受診

学生生活や就職活動が思うように進められなかったため、周囲に相談。家族が発達障害を考慮し、支援機関につなげて、受診にいたった

Point

自覚できた

Aさんは仕事の失敗を何度も繰り返す前に、特性を自覚できた。挫折感を深める前に、支援を受けられたことが大きい

相談機関から専門医を紹介され、正確な診断を受けた。説明を聞いて、自己理解が深まった

パソコンで部品の設計をしている。大学の授業でパソコンをよく使っていたため、操作はお手のもの

Point

知識をいかした

もともともっていた、よい面を仕事にいかすことができた。パソコンについての知識は、同僚よりも優れている

3 支援を受けて、トライアル雇用を体験

診断にしたがって、就労支援を受けることに。発達障害の専門家や障害者職業カウンセラーと相談しながら、トライアル雇用に挑戦した

4 地元企業に就職、パソコン操作を担当

トライアル雇用がうまく進み、継続雇用が決定。もとから得意としていたパソコン操作の担当に

その後のAさん

就職から数ヵ月。Aさんは職場になじみ、任される仕事も増えてきました。同僚との関係も良好です。いまでもときおりジョブコーチが様子を確認していますが、問題はとくに起きていません。

当事者（Aさん）の声

いまは生活が安定していて、とくに悩みや不安はありません。ときおり、発言が誤解されることがありますが、そういうときは同僚やジョブコーチさんが通訳のようになって周囲に説明してくれるので、助かっています。

※ジョブコーチ、トライアル雇用について、くわしくは46～49ページ参照

ホテルの調理場で評価されているＢさん

プロフィール

Ｂさんは20代の女性。短大を卒業したあと、いくつかの仕事につきましたが、長続きしませんでした。自分をみつめなおすために、若者サポートステーション（サポステ）に相談しにいきました。

1 仕事を続けることができず、サポステへ

Ｂさんの悩みは、就職はできても、継続できないこと。自分にあった仕事はなにか、知りたいと思っていた

2 支援プログラムで、いくつかの作業を体験

発達障害の有無ははっきりしなかったが、その点にはこだわらず、さまざまな作業を体験。応用のいらない作業が向いているとわかった

Point

作業体験

自分にあう仕事を探すためには、体験してみることがいちばん。体験なら、失敗してもあまり傷つかない

Ｂさんが受けた支援と同様の、作業体験の様子。農業の手伝いなどを実地で体験する

調理が注目されている

アスペルガー症候群の人は、規則的・反復的な作業を得意としています。チェーン店やスーパーなどで、一定の料理をつくり続ける仕事には、適性があると考えられます。それらの業界への就労に期待がかけられています。

Point

評価される

仕事で失敗したことがある人は、就労に強い不安を抱いている。理解・評価してくれる人が身近にいると、職場に定着しやすい

経験豊富なコックから仕事が丁寧だとほめられたことが、Bさんの自信に

3 自分にあった、調理関係の仕事を希望

作業体験をしていくなかで、Bさんは調理の仕事ならできそうだと感じた。規則的な作業が求められる職場を探すことに

4 支援を受けながら、就職活動

Bさんには診断はなかったが、発達障害の見立てはあった。サポステから履歴書記入や面接への助言を受け、就職に成功

その後のBさん

調理補助の仕事につき、活躍中です。規則的に食器を洗い、棚にしまう作業や、一定のレシピにそって作業する下ごしらえなどを、生真面目《きまじめ》にこなしています。

IT企業の総務人事部で戦力になっているCさん

プロフィール

Cさんは30代男性。大学卒業後、一般就労で編集職につきました。その後、何度か転職。同僚とのコミュニケーション不足などに悩み、相談機関を利用しました。

障害者雇用専門の、就職面接会がある。Cさんはそこでいくつか、自分にあう企業をみつけた

1 仕事はしていたが、悩みがあって相談

Cさんの悩みはふたつ。より安定した環境で適性をいかせる仕事につきたいということと、同僚との対人関係が難しいこと

2 特性を自覚し、障害者雇用を目標に

関係機関を回るうちに、発達障害を自覚。地域障害者職業センターとの相談をへて、精神障害者保健福祉手帳をとり、障害者雇用をめざすことに

Point

チャンスを求めた

Cさんは、ただ働くだけならひとりでもできたが、より充実した職場を求めて、支援を受けた。その積極性が、よい結果につながった

※障害者雇用について、くわしくは56ページ参照

Point

周囲の支え

Cさんの就職先では、多くの人が発達障害を理解し、できる範囲でCさんの業務をサポートしている。それがCさんの職場定着を助けている

Cさんが疲れや戸惑いをみせると、上司が「外で休憩してきたら」と提案してくれる。その心づかいがCさんの支えに

4 就職して、データ入力などを担当

企業側のニーズとCさんの希望が合致。就職して、総務人事部に配属された。パソコンへのデータ入力などの業務を担当している

3 研修・トライアル雇用で、様子をみた

Cさんが希望する企業のなかに、タイミングよく求人募集しているところがあった。障害者雇用枠で申しこみ、研修に参加

同僚の声

Cさんは、十分に戦力になっています。文章を作成する能力は私よりも高く、その種の作業では、彼を頼るくらいです。

彼には集中力を持続できないという悩みはありますが、それもひと声かければ解消できること。Cさんがいてくれて、助かっている面のほうが多いです。

その後のCさん

データ入力からはじまったCさんの仕事は、その後、データ整理、ホームページ更新の補助などの領域にまで広がってきました。今後は、使えるソフトを増やすことが目標です。

流通業界で長所を発揮しているDさん・Eさん

プロフィール

Dさんは20代男性。希望通りに就職できず、アルバイトを転々としていました。本を読んでアスペルガー症候群を知り、自分が当てはまると考えて、支援プログラムの利用を希望しました。

1

情報交換しながら、就職をめざした

2人は地域障害者職業センターの実施している支援プログラムに参加した。そこで数種の実習をおこない、特性の理解につとめた

プロフィール

Eさんも20代男性。大学卒業後、就職できずひきこもり状態でした。一念発起してハローワークへ行き、その後、発達障害の可能性に気づいて支援プログラムを受けはじめました。

Point

仲間がいた

発達障害がある人は、周囲とわかりあえず、孤立しがち。2人は支えあうことができたため、前向きに活動できた

いっしょに支援プログラムを受けていた2人。自分の適職はなにか、よく話しあっていた

Point

マッチング

大切なのは「ジョブ・マッチング」。仕事が自分に適していれば、職場に定着しやすい。支援を受けるなかで、マッチングを探っていく

複雑な交渉をしなくてよい配達業が、Dさんにはぴったりあった

2

体力をいかせる仕事へ

Dさんは実習のなかで、力仕事への適性を自覚。もともと引っ越し会社のアルバイトもしていたので、運送関係をめざした

3

宅配便の会社で、配達担当に

コミュニケーションをとることが少なく、体力をいかせる配達員に。車の運転はさけ、近隣への配達を担当している

2

物品の整理が得意だと自覚

Eさんには、仕分けや整理の作業があっていた。Dさんと同じ流通業で、荷物の管理をおこなう業務を希望した

3

大手企業の配送センターへ

インターネットで商品を販売している企業に就職。配送管理の仕事に携わり、作業を正確にこなしている

その後のDさん・Eさん

2人とも、職場に定着しています。仕事の幅を広げすぎると、混乱する可能性があるため、少しずつ仕事を増やしているところです。支援者のフォローはほとんど必要なく、安定して働いています。

三つの特性は、仕事にどう影響するか

アスペルガー症候群には、三つの特性があります。
コミュニケーションや対人関係を築くことが苦手で、それが仕事に影響します。

アスペルガー症候群の特性

大多数の人にはみられない特別な性質を「特性」といいます。アスペルガー症候群の人にみられる特性は、大きく3つに分かれています。

アスペルガー症候群

発達障害の一種。会話も仕事もそれなりにこなせるが、応用力や社交性に乏しい。仕事が複雑になると、問題が起きがち

コミュニケーション

言葉や身振り手振りで、意思の疎通をはかることが苦手

- 上司の指示が理解できない
- 客が怒っているのに、気づかない
- 話が煩雑でわかりにくい

よい面も！ 嘘をつかない

想像力

ルールや好きなことにこだわる。考え方を変えるのが苦手

- 自分なりの仕事の進め方にこだわる
- 社則を遵守。規則を破った同僚を叱責する
- 予定外の仕事が入ると混乱する

よい面も！ 生真面目に働く

そのほかの特性

感覚面・運動面にも、独特のかたよりがある

- 手先が不器用
- 肌の感覚や聴覚が過敏

AD/HD や LD など、ほかの発達障害が併存しやすい。注意力が散漫、読み書きが苦手などの特徴が伴う

寝ぐせがついたままの状態で
出勤。社会でどうみられるか、
という考えがない

社会性

ほかの人にあわせて行動するのが苦手。共感性に乏しい

- 身だしなみに無《む》頓着《とんちゃく》
- 周囲にあわせず
  単独行動をする
- 相手の気持ちを考えて
  話すことができない

よい面も！ ユニークな発想ができる

対応していないと……

離職につながりやすい

発達障害がある人に離職理由を聞いてみると「人間関係に悩んだ」「指示が多くて混乱した」「接客業があわなかった」など、特性への対応不足とみられる例が多い

主に人間関係の問題となる

独特の性質があるため、コミュニケーション能力や社会性が乏しく、人とのやりとりが、なかなかうまくいきません。

小さなすれ違いが積み重なり、結果として、職場で仲間はずれにされたり、いじめられたりして退職するという人がよくいます。

特性を自覚して、なんらかの対応をはかる必要があります。

みてわからない障害だから、誤解される

アスペルガー症候群は、みためにはわからない障害です。会話や行動に特徴が現れますが、障害を知らない人には「そういう性格」だと思われがちです。

「変わっている」としか思われない場合も

アスペルガー症候群の三つの特性は、いずれも行動特徴です。行動してはじめて、表面化します。

ですから、ひと目で人に気づかれることは少なく、人と何度も接していくうちに、じょじょに「どこか変わっている」などと気づかれるのがふつうです。

仕事や人間関係に悩みを抱えていても、「変わった人だから」などと言われてしまいがちです。本人もまた、自分は変人なのだと思いこみ、支援を受けようとしていないというケースがよくあります。

そのような誤解が、ときには生活上の大きな問題にもつながります。理解が必要なのです。

周囲に気づいてもらえない

アスペルガー症候群の特性は、専門知識がない人にはなかなか気づかれません。外見上はなにも問題なくみえることが、その一因です。

ケガをして松葉杖をついていれば、人が気をつかってくれる。アスペルガー症候群の人は、混乱して道に迷っていても、気づいてもらえない

みためにはわからない障害

アスペルガー症候群などの発達障害は外見上の特徴がなく、理解を得にくい

困惑が伝わりやすい障害

ケガ、目や耳の障害、知的障害などは、困難が周囲に伝わりやすいため、理解を得られる

4段階の気づき

支援

手帳がある

状態にあった障害者手帳を取得している。障害者雇用の枠組みで就職できる

診断された

手帳はないが、発達障害の診断を受けている。各種の就労支援を受けられる

特性を自覚できれば、支援の必要性にも気づく。支援を受けやすい環境に

自覚がある

診断はないが、発達障害の自覚がある。支援の必要性に、自分で気づいている

特性への自覚がない人は、支援が必要だとは思わない。援助のない環境に

自覚がない

発達障害に気づいていていない。失敗するのは努力がたりないからだと考えがち

本人も周囲も誤解する

特性の影響で問題が起きたとき、本人も周囲も「努力がたりない」「要領が悪い」「まわりが悪い」などと、人のせいにしてしまう

特性に無自覚な人は、対人関係のトラブルに巻きこまれることが多い

本人もなかなか気づかない

会話や仕事をそれなりにこなせるため、本人でさえ自分の特性に気づかないということが、ままあります。

事例からみえてくる、適職と難しい仕事

仕事を選ぶときに、自分以外のアスペルガー症候群の人がどのような仕事で成功しているか、知っておくと参考になります。

ほかの人の例から傾向がわかる

適職は、人によって違います。アスペルガー症候群の人にはこの仕事が必ずあうという、正解はありません。ただし、就職に成功した人たちの例から、アスペルガー症候群の人に向く仕事の傾向をつかむことはできます。

本書の一〇〜一七ページでは、パソコン操作や調理、事務、荷物の発送・管理の仕事についた人を紹介しました。

それらの事例に共通しているのは、作業の大部分が、ひとりでできることです。個人で作業に当たり、必要なときだけ周囲と話すという働き方が、アスペルガー症候群の人にはあっているようです。

できること・できないことがひとつの基準に

発達障害がある人は、得意・不得意の差が出やすく、多くの場合、できることとできないことがはっきり分かれます。それを基準に適職を考えましょう。

できる人が多い

- 作業を規則正しくこなす
- 単純作業の反復をいとわない
- 常識にとらわれない発想
- 専門知識を覚える
- 難しい文章を読む・書く
- パソコンの正確な操作
- 部品などの管理・整理

できない人が多い

- よい人間関係を築く
- 会話時の臨機応変な対応
- 予定の急な変更
- 話し相手の嘘を見抜く
- ストレスを我慢する
- お世辞を言う
- 周囲をみて職場の慣習を学ぶ

最近はどの業界でもパソコンを使う。操作できるソフトを増やすと仕事に役立つ

どんな仕事があっているか

パソコンの操作や研究・芸術活動など、個人作業をしている人は、職場に定着しやすいようです。清掃や調理など、作業中心で対話の少ない仕事も向いています。反対に、対話中心の接客業や営業職では、トラブルが多くなりがちです。

適職

- 工業系（部品管理など）
- IT系
- 清掃業
- 調理関係
- 翻訳業
- 研究職
- 芸術系

適職とそうでない仕事の区別は、絶対ではない。人によって異なる

難しい仕事

- 営業職
- 接客業
- 重機などの操作
- 危険物の取り扱い

海外で適職とされているのは？

自閉症者への治療教育（療育）が確立しているアメリカ・ノースカロライナでは、図書館司書や清掃業などが適職とされています。

数人の自閉症者が、それぞれの部署で資料の管理や清掃作業などをおこない、ジョブコーチがそれを監督する作業形態「分散型エンクレイブ」が定着しています。日本でも活用できるアイデアです。

なにより大切なのはジョブ・マッチング

アスペルガー症候群の人は、仕事ができないわけではありません。自分にあわない仕事につき、苦しむことが多いのです。適職を探すことが大切です。

自分にあう仕事を探すことが第一

仕事選びでもっとも大切なのは、「ジョブ・マッチング」。自分にあう仕事を選ぶことです。

生活上の問題となりやすい特性があっても、それをよく理解し、その特性にあう仕事を選べば、問題は起きにくくなります。

ただ、ひとりで自分の特性を理解し、マッチする仕事を探すのは簡単ではありません。そこで、就労支援が必要になるのです。

就労支援は、マッチする仕事探しを支援してもらうことだと言っても過言ではありません。

3つのマッチング

適職を考えるときのキーワードが3つあります。自分にできること、したいことを考え、それをいかす機会があるかどうか、検討してみましょう。

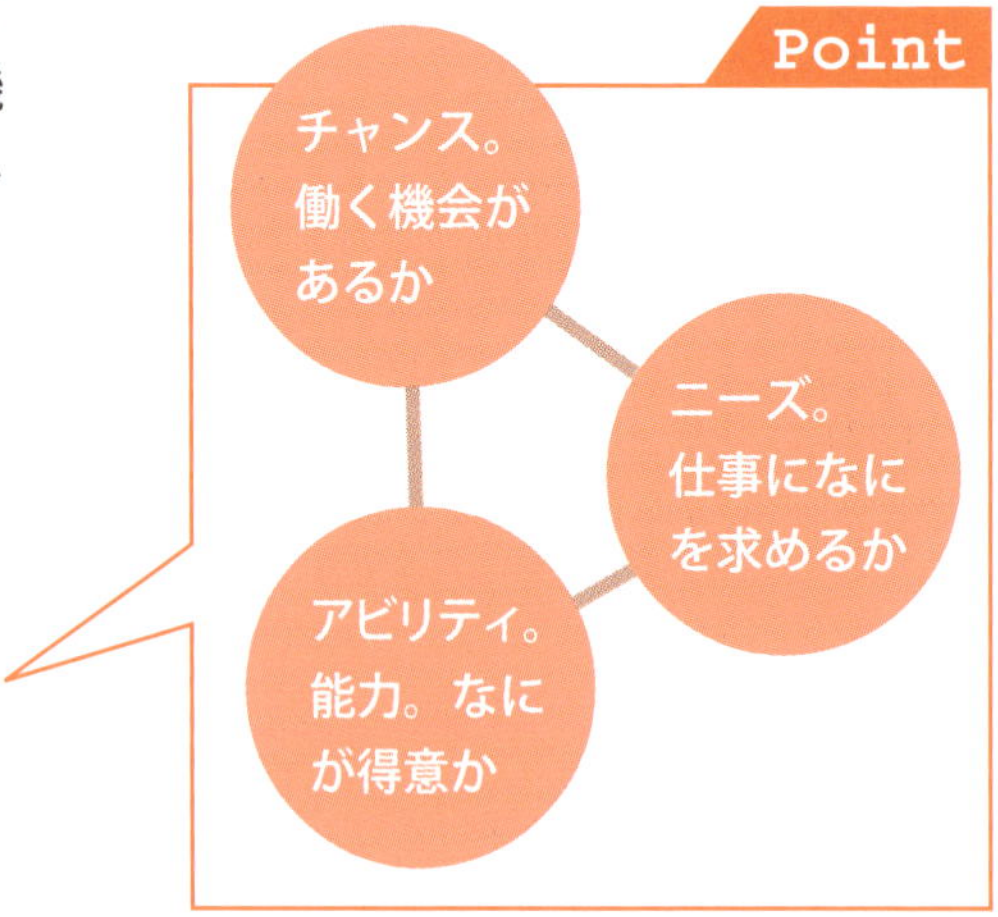
Point
チャンス。働く機会があるか
ニーズ。仕事になにを求めるか
アビリティ。能力。なにが得意か

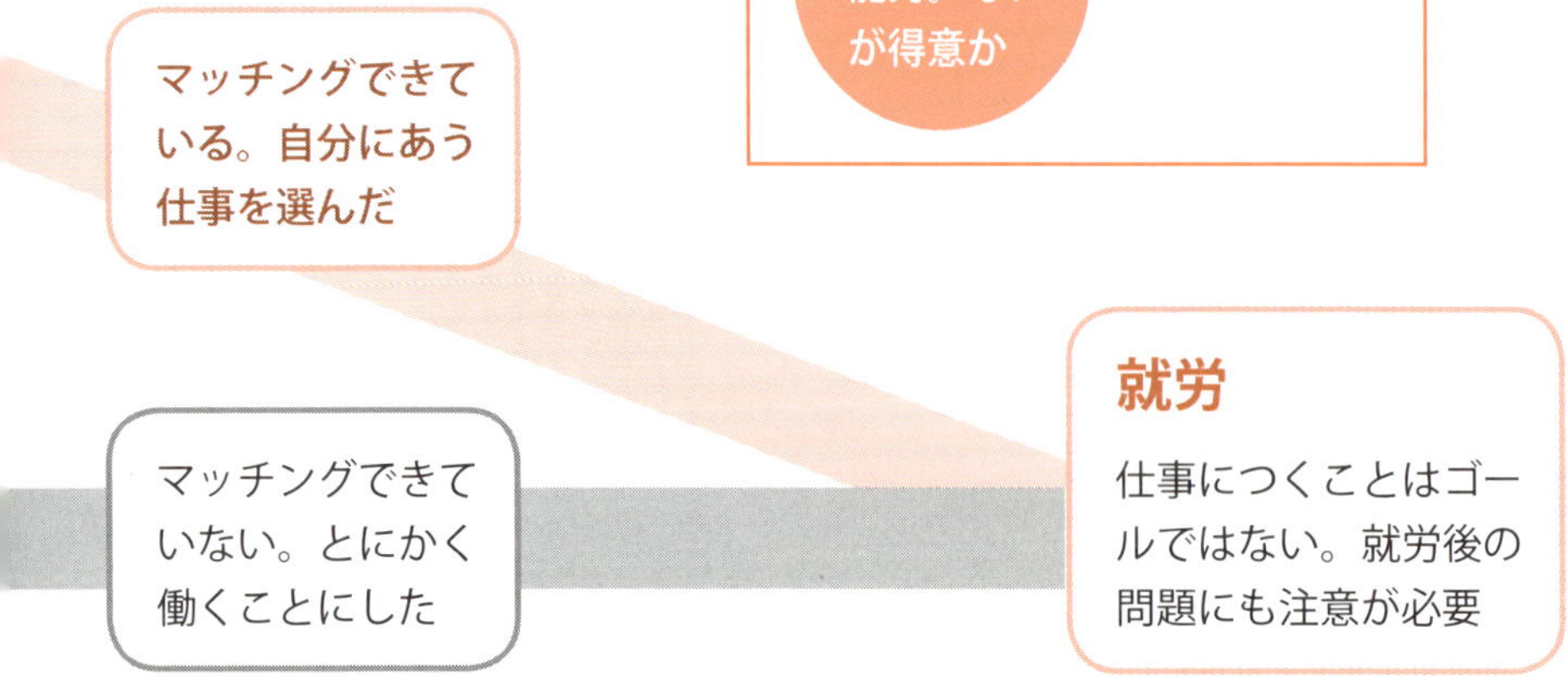
マッチングできている。自分にあう仕事を選んだ
マッチングできていない。とにかく働くことにした
就労
仕事につくことはゴールではない。就労後の問題にも注意が必要

明暗が分かれる

マッチング次第で、就職後の経過が変わります。自分にあわない仕事を選んでしまうと、必然的に失敗することが増えます。それが離職につながることも、けっして少なくありません。

書店員。最初は在庫管理を担当していたが、棚の整理や本の陳列にも携わるように

能力を発揮。期待された以上の働きもできるように

失敗することが少なく、評価される。自信につながる

スキルが身につく

ひとつの作業が安定すると、ほかのことにも関われる。できることが増えていく

いつでも立て直せる。「自分には働く力がない」なんて思わないで

二次的な障害

失敗を繰り返すと、自尊心が傷つく。できることもできないような気になっていく

出勤できなくなったり、離職したりする。ひきこもる

期待された働きができず、失敗も多く、落ちこむ

Column

当事者の自伝から、働き方を学ぶ

発達障害を仕事にいかした人もいる

アスペルガー症候群の当事者としてよく知られているテンプル・グランディンは、特性を仕事にいかして成功した人のひとりです。

彼女には、ものごとを文字や言葉よりも、映像で考える特性があります。彼女はその特性を牧場設計にいかして成功しました。

彼女は牧場で、牛の様子をよく観察しました。すると、牛が黄色いはしごや、急に暗くなる場所などを嫌がることがわかりました。ものごとを視覚的にとらえる彼女だけが、牛の気持ちに気づいたのです。その観察力をいかして、いまもなお、活躍しています。

実業家や芸術家に多いといわれている

アメリカでは、著名な実業家や映画監督のなかに、発達障害の特性があると見立てられる人が、何人もいるといわれています。ただし、本人が公表していないため、詳細はわかりません。

詳細がわかるのは、グランディンのように自伝や講演などで障害を明言している人の例です。彼女のほかにも何人もの当事者が人生を語っています。いずれも、生活や仕事の参考となる、貴重な経験談といえます。

発達障害の当事者として自伝・啓発書を書いた人

海外

- ドナ・ウィリアムズ
- グニラ・ガーランド
- テンプル・グランディン
- ウェンディ・ローソン

日本

- 高森明
- 高山恵子
- ニキ・リンコ
- 藤家寛子

2 アスペルガー症候群の人の 就職活動

いま、日本ではさまざまな機関が発達障害への支援をおこなっています。
就職についての相談から、仕事の実地練習、履歴書の添削など、
実践的な就労支援が受けられます。

まず、支援機関に希望や悩みを伝える

就労支援を受けるために、まずすることは、相談です。自分はどこでどのような支援が受けられるのか、相談機関などで聞いてみましょう。

どこに相談してもよい

最初から「発達障害の就労支援」を受けようと考えると、緊張します。まずは話しやすい相手に悩みを相談し、決心がついてから専門機関を訪れるのもひとつの方法です。

どこに相談すればいいんだろう？

「障害」と名のつくところは嫌だな

身近な相手

まずは日頃から話を聞いてもらっている、身近な人と話す

- 家族・友人
- かかりつけ医

状況を整理できたら相談機関へ

一般の相談機関

障害の有無にかかわらず、相談できるところ

- 役所の福祉課
- ハローワーク　など

より適切な機関を紹介される

専門の相談機関

発達障害について、専門的な相談ができるところ

- 発達障害者支援センター
- 地域障害者職業センター　など

発達障害をある程度、自覚していて、早く専門的な相談をしたければ、いきなり専門機関に行ってもよい

相談員と社会福祉士など、異なる２つの職業の人が同時に相談に応じてくれることもある

なにを相談してもよい

相談機関は、どんな話題でも聞いてくれます。機関の活動にあわない相談でも、ほかの適切な機関を紹介してもらえます。率直に話しましょう。

相談できること

自分には発達障害があるようなんですが、誰かにみてもらえますか？

仕事が覚えられなくて、何度も転職しています。どうすればよいのでしょうか？

就労支援が受けられると聞きました。どんな支援があるのですか？

相談相手（支援者）

- 話を聞いて、専門家につなげる相談員
- 発達障害や心の病気にくわしい保健師
- 診断・治療をおこなう精神科医
- 社会の各種制度を知っている社会福祉士
- 心の不調を相談できる臨床心理士

ほかにもさまざまなスタッフが関わる
※心の病気や心の不調は、発達障害の二次障害

話すのが苦手なら紙に書いてもよい

いざ相談機関に行っても、会話が苦手でうまく悩みを説明できないという人もいます。コミュニケーションが苦手で悩んでいる人であれば、それも当然です。

話すのが苦手な人は、あらかじめ悩みを文書にしておいて、それを相談員に示すのもよいでしょう。自分がいちばん伝えやすい方法で、相談してください。

必要に応じて、診察や適性検査を受ける

相談をした段階で、発達障害の診断が出ていない人は、医師による診察や検査を受けるよう、すすめられる場合があります。

相談の経過で決まる

相談内容から発達障害の見立てがつく人には、相談員や保健師などが、診察を受けるように、すすめる場合があります。その際、本人が希望すれば、医療機関などを紹介されます。

相談

相談員などとの対話。悩みの内容から、発達障害の見立てがつくこともある

本人の希望

専門医

診断は相談員や支援者にはできない。精神科医など、専門医のところへ

診断が出て、気持ちが落ち着いたという人もいる

診断

問診と生育歴の聞きとり、知能検査などによって、発達障害の有無が診断される。一度の診察ではわからない場合も

手帳取得

発達障害の診断が出ると精神障害者保健福祉手帳を、そして知的障害の診断が出ると療育手帳の習得を、それぞれ申請できる

正確なアセスメントはすべての基本

仕事を長く続けるためには、自分の能力をきちんと把握しておく必要があります。

アスペルガー症候群の一般的な特性だけでなく、自分の場合にとくに目立つ特性や、感覚の過敏性など、個別の特徴も知っておきましょう。それを理解していないと、適職はなかなかみつかりません。

文章や数字、図形に関する筆記テストなどで適性をはかる

「働く力」を調べる検査

発達障害の診断のほかに、職業能力の判定を受けるようにすすめられる場合もあります。現在の力量を調べて、適職を探すための参考材料とするためです。

本人の希望

ハローワークへ

技能検査は多くの場合、地域障害者職業センターやハローワーク経由で受ける

支援プログラムへ

発達障害者向けの支援プログラムを受けることになり、そのプログラムの一環として検査を受ける人もいる

適性検査・知能検査

職業能力や知的能力をはかる検査は、発達障害者向けにつくられたものではない

- **TEACCH移行アセスメントプロフィール**
- **内田クレペリン検査**
- **WAIS-Ⅲ　など**

検査結果

結果にもとづき、支援を受ける。適職を探しやすくなる

そのように、自分の力を正確に知ることを「アセスメント」（評価）をするといいます。発達障害当事者にとっても、支援者にとっても、重要な情報です。

梅永雄二先生の声

アスペルガー症候群の当事者が、自分の能力を客観的にみて、適職を探すというのは、簡単ではないでしょう。どうしても主観的になってしまいます。

家族もまた、なにかと感情的な助言をしがちです。働く力を見極め、適職を探すときには、支援者から客観的なアドバイスを受けることが大切です。

定期的に面談を受け、自己理解を深める

発達障害がある人への就労支援の中心は、面談です。生活上の悩みや仕事に対する不安などを相談しながら、どのような支援が必要か、考えていきます。

面談と実習を交互に

支援機関に悩みを相談すると、その内容にそって面談の機会がもうけられます。そこで現在の状況や必要な支援、今後の目標などを話しあいます。

相談

定期的に面談へ。日程をカレンダーなどに書いて、習慣づける

相談のみ受け付けている機関の場合、ほかの機関を紹介されることも

支援の3本柱

個別面談

悩みがなにか、どのような支援が受けられるか、話しながら確認する。定期的に話して経過も報告

トレーニング

仕事の仕方や職場でのマナーなどを練習する。パソコンや業務用の機械を実際に使える機関もある

グループワーク

数人でグループをつくって活動。仕事に必要なコミュニケーションやふるまいなどを身につける

実習の前後に面談をする場合も。作業の確認・修正が必要なときに話す

のんびり朝食をとることがストレス解消に。自分なりのリラックス法を探そう

自己イメージを見直すことができる

相談員や支援者との面談を繰り返すうちに、悩みが明確になります。また、助言によって自己理解が進み、誤った自己イメージの修正ができます。

外出が習慣に

面談を継続することで、外出する習慣ができる。ひきこもり状態の人の場合、その解消につながる

生活が構造化

面談を中心に、生活が落ち着きはじめる。起床時刻や食習慣が安定して、暮らしやすくなる

構造化とは、生活に枠組みをつくること。アスペルガー症候群の人は、決まりをつくると行動が安定しやすい

自己理解が進む

自分にあった生活がみえはじめる。「なにもできないダメ人間」などの誤った自己イメージが消える

理解が進むとやる気も出てくる

面談の目的は、状況を理解することです。それによって、支援の受け方や、就労へのとりくみ方が変わってきます。状況がわかり、目標がはっきりすると、自然とやる気も出てくるものです。

初期の面談では、問題がなぜ解消できないか、話しあいます。支援がはじまってからは、その支援策が自分にあっているかどうか、面談を通じて確認します。

相談員の声

アスペルガー症候群の人の多くは、会話が苦手です。面談でうまく話せない人もいます。

私たちは聞き取りにこだわらず、悩みを紙に書いてもらったり、書類をみせながら話したりして、当事者が悩みを打ち明けやすい環境をつくっています。

働く力を見極めるためのスキルシート

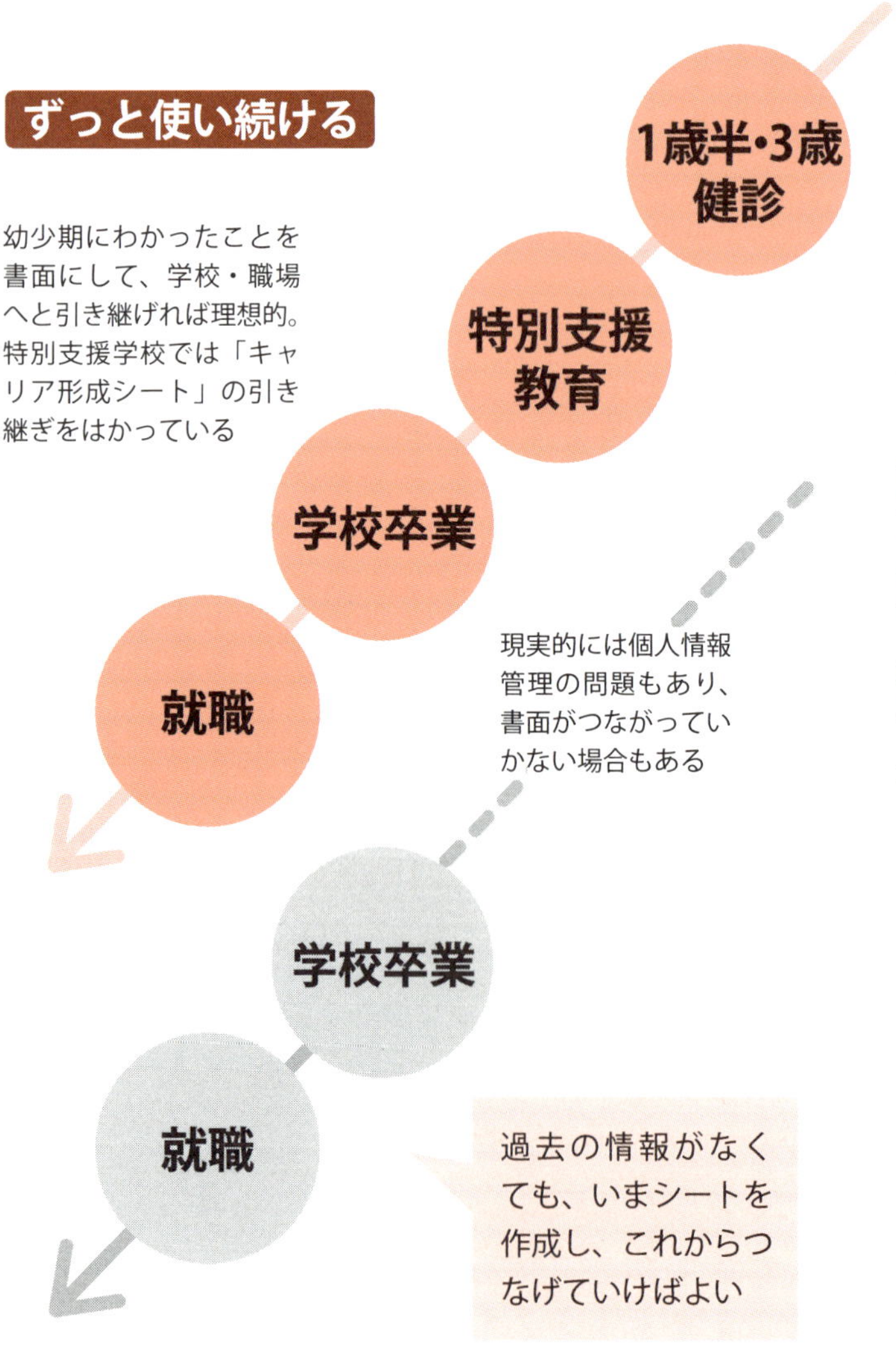
ずっと使い続ける
幼少期にわかったことを書面にして、学校・職場へと引き継げれば理想的。特別支援学校では「キャリア形成シート」の引き継ぎをはかっている
1歳半・3歳健診
特別支援教育
学校卒業
就職
現実的には個人情報管理の問題もあり、書面がつながっていかない場合もある
学校卒業
就職
過去の情報がなくても、いまシートを作成し、これからつなげていけばよい

得意・不得意を具体的に書き出す

診断や検査の結果をみているだけでは、自分のもっている力の全貌はつかめません。

同じアスペルガー症候群の人でも、得意な仕事は個々に異なります。本人の性格や個性、経験、希望などによって、できることは変わってくるからです。

診断だけではみえてこない、自分の得意・不得意を知るために役立つのが「スキルシート」です。

できることを具体的に書き出し、自分にあった仕事を探すときなどに、参考資料として使いましょう。

スキルシートの例

スキルシートに記される内容は、一定ではありません。支援機関によって記述が異なります。

金銭管理、文章の作成、力仕事など、具体的な作業を列挙する

作業内容	43	仕事内容が予めわからない		
	44	機械操作を行う		
	45	ワープロ・パソコンを操作する		
	46	金銭を取り扱う必要がある		
	47	計数・計算が必要		
	48	文章を作成したり、取り扱う		
	49	知識・技術が必要とされる		
	50	重量物を運搬する		
	51	対人対応が必要である	柔軟高頻度	
	52		柔軟低頻度	
	53		定型高頻度	
	54		定型低頻度	
	55	時として特別な仕事が入る		
	56	複数の工程を受け持つ		
	57	ノルマがある		
	58	器用さ・巧緻性		
	59	粗大作業		
	60	正確さ		
	61	作業スピード		
	62	単独作業である		
	63	ペアまたはグループでする作業		
	64	作業相手のスピードに合わせる		
	65	自己判断で進める必要がある	柔軟複雑	

作業のスキル

どのような仕事が得意か、示した例。自己申告やトレーニング時の様子をふまえて記入していく。音や汚れなどへの過敏性を記述して、どのような職場があうか、検討する場合もある

障害者職業総合センターで使用している「職場環境適応プロフィール」。仕事のスキルを見極められる

対人関係のスキル

挨拶や世間話の仕方、相槌《あいづち》の打ち方を確認するためのシートの例。できないことを修正するのが目的ではなく、苦手なことを明確にして、その部分に支援を受けやすくするのが目的

支援機関で使われている、スキルシート。定期的に項目を見直して、内容を更新している

STEP　UP　社会生活スキルシート

項　目	内　容			
対人関係	挨拶ができる			
	話を聞くことができる			
	話に合わせて相槌を打つことができる			
	相手の感情（喜怒哀楽）に適した反応ができる			
	自分から話ができる			
	タイミング良く話ができる			
	世間話ができる			
	感情（喜怒哀楽）表出ができる			
	自分の価値、スタイル（こだわり）を			
	相手の嫌がる言葉（態度）を言わない			
	声をかけられたら相手を見て返事がで			
	場に適した態度でいられる			
	嫌なことを断ることができる			
	質問ができる			
	謝ることができる			
	感謝の言葉が言える			

最初は緊張してできない場合も。スキルの確認は何度かおこなう

挙げる内容に決まりはない。各機関が必要と判断したことを記載している

グループワークでほかの相談者と交流

支援機関に集まった当事者同士で、集団行動をする機会があります。グループワークといって、職場でのマナーなどを学ぶことができます。

マナーを身につける

グループワークの目的は、マナーの習得。社交性の向上ではありません。アスペルガー症候群の人には社会性の特性があり、対人関係スキルを全般的に高めることは難しいため、必要最低限のマナーの取得が目標となります。

グループワーク

集団でおこなうとりくみ。専門家の話を聞く講義、職場のマナーを仮想体験するロールプレイ、参加者同士で対話するディスカッションなど、さまざまな形式がある

ロールプレイ。「上司にタイミングよく話しかけること」などを、支援者からのアドバイスを聞きながら、仮におこなってみる

ビジネスマナーの練習。応用するのは苦手なので、マニュアル的に覚える

集団で外出する。出先で作業体験やボランティア活動などをおこなう

スポーツ活動で交流に慣れる。チームスポーツは苦手な人もいる

うまくいかなくても落ちこまないで

アスペルガー症候群の人は、集団行動が苦手です。集団に入ると緊張するため、グループワークへの参加が難しいという人もいます。その場合、無理に交流する必要はありません。

グループワークにもさまざまな形式があり、対話が少ない活動もあります。参加できる場にだけ、入っていけばよいでしょう。

大切なのは、マナーを身につけること。個別面談や家庭での練習で習得してもよいのです。

とりあげるテーマの例
挨拶の仕方
困ったときの相談先
職場のマナー
食事会に参加すべきか
報告・連絡・相談
残業をどう考えるか
失敗したときの謝り方・態度
テーマによってはもめることもある。支援者のフォローが必要
ディスカッション。話しあいのなかで、意見の言い方などを身につける
講義形式。就職活動などの話を聞く。講義と実践を組みあわせる場合もある

支援者の声

相談に来られる方の多くは、対人関係に不安を抱えています。グループワークになかなか入っていけないという方のほうが、多いのではないでしょうか。

参加者は、ペアを組むのが苦手だったり、人の発言を誤解したりしがちです。グループワークの前後に面談をして、フォローするようにしています。

パソコン操作や軽作業の練習をする

ハローワークや地域障害者職業センターなどの就労支援機関を通じて、仕事に必要な技能のトレーニングに参加できます。

練習用のスペースを使う

トレーニングに参加したい場合は、就労支援機関にその旨を伝えましょう。機関内に設備がある場合はそこで体験できます。支援機関から委託先の法人や企業などを紹介される場合もあります。

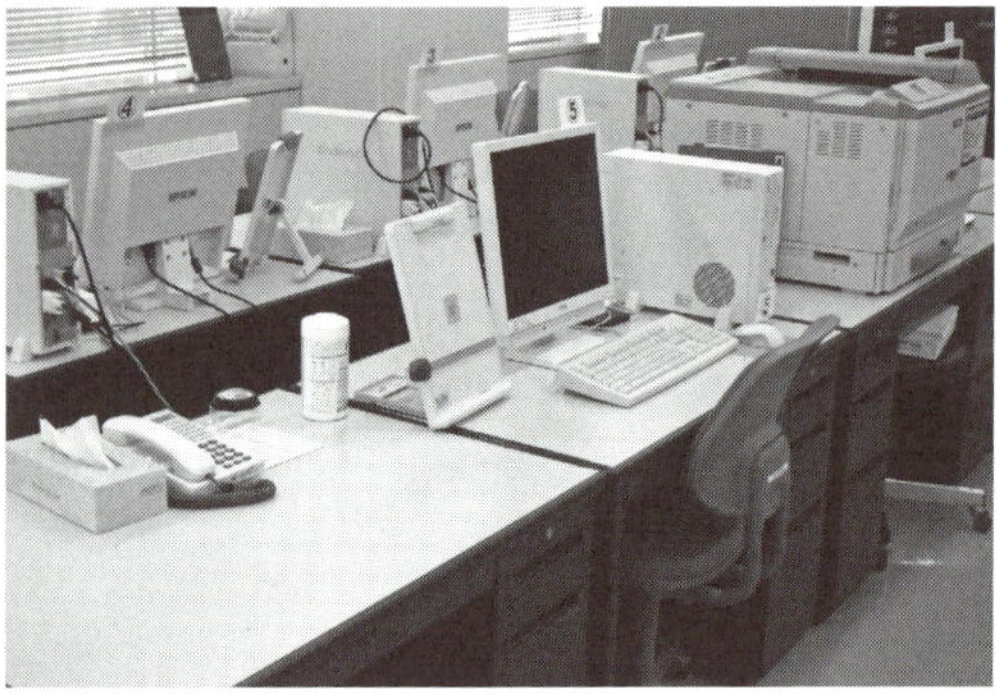

実際の職場のように、パソコンが並んでいる

スキルトレーニング

仕事に必要な技能を身につけるための訓練。具体的な企業や職種をしぼらず、作業単位でおこなう

パソコンの操作。文章やデータの入力、ウェブ作成などを学ぶ

清掃。事務所やトイレのほか、冷暖房や業務用機材などの清掃も体験

用具・部品などの整理。どの仕事にも必要な事務能力を鍛える

機械の操作。製造業に使われる機械などを使い、実践的な訓練をする

調理。食器洗浄や調理補助から、弁当・パンの製造までさまざま

事務職に使われる文具の整理・補充などをおこなう練習も

苦手なトレーニングがあって当然

トレーニングに参加する際、スキルを習得しなければ就労できないと誤解して、がんばりすぎる人がいます。それでは、トレーニングが負担になってしまいます。

トレーニングは、就職試験ではありません。練習であり、体験です。結果は出なくても、よいのです。結果より、作業に慣れることや、得意な作業を知ることを、優先しましょう。

作業を体験することで自己理解を深め、その理解を就労につなげていくことが大切です。

好きな作業を探す

トレーニングには、ふたつの目的があります。ひとつは能力の向上、もうひとつは能力の見極めです。作業体験を通じて、自分の得意分野を知るのも、大切なプロセスです。

スキルトレーニングをする。各種作業を順番に体験

↓

支援者の意見も聞きながら、得意な作業を把握する

↓

得意・不得意を見極めて、先々の目標を立てる

好きな作業でも集中力が続かず、ウトウトしてしまうことはある。その対策も考える

アスペルガー症候群の人は社会性に乏しいが、集団のなかでは自分なりに空気を読もうとして、気をつかっている場合が多い。そのため、ほかの人より疲れやすく、仕事中に眠気が出ることもある

実務を体験する ジョブトレーニング

一定期間、体験して適性をみる

ジョブトレーニングは、作業体験よりも一歩進んだ、職場体験です。一般的な作業ではなく、具体的な実務を体験します。

受け入れ先の職場に出向き、実地体験をします。一日体験の場合もあれば、参加者がアルバイトとして一定期間、勤める場合もあります。

体験しないとわからない

体験前からわかっているのは好き嫌いや得意・不得意だけ

体験前

好きなこと・自分で適職だと思うこと

好きなこと・自分で適職だと思うこと

体験

得意分野なので、作業が速く進む

いざ体験してみたら、難しかった

実作業をはじめて、心境がどう変化するかをみていきたい。嫌いなことが、体験してみたらしっくりくる場合も

体験後

周囲から評価され、ますます好きに

数日で飽きた。集中力が続かない

ジョブトレーニングの例

ジョブトレーニングは職場実習とも呼ばれます。支援機関が各企業と連携することで、実際の職場でのトレーニングが実現しています。

ジョブトレーニング

仕事の練習。職種をしぼって必要なことを学んだり、企業に出向いて実務を体験したりする

IT企業での実習。パソコンを使って実務に当たり、作業の速さや問題点をみる

建築・工事業は、現場で人と関わることが多い。その点の適応がポイントに

流通業は役割分担が明確。持ち場に定着できるようなら、就労にもつながる

清掃業。室内では問題なくても、戸外では通行人に緊張するという人がいる

農業。体験の場という意味あいが強い。訓練後、農業を定職とする人は少ない

商店街で店舗のリフォームを体験。音やにおいなどに戸惑う人も

履歴書の書き方や面接時の話し方を確認

自己アピールが苦手で就職活動がうまくいかないという人は、支援者に履歴書の添削や面接指導をしてもらうとよいでしょう。

生真面目なことが悩みに

アスペルガー症候群の人の多くは生真面目で、なんでも率直に話したり、書いたりします。それが企業に「よけいなことを言う人だ」ととられ、誤解されてしまうことがあります。

社会性に乏しく、言わなくてもよいネガティブなことを言う

質問を字義通りに理解して、見当違いの回答を言うことがある

履歴書の問題

希望や不安をすべて書いてしまう。したくない作業、企業への不満、給与の希望額などをはっきり伝え、敬遠される

面接の問題

履歴書と同様に、率直な回答が問題に。また、たとえ話や比喩をまじえた質問に反論してしまうこともある

失敗が続くと仕事への自信もなくなる

アスペルガー症候群の人は、コミュニケーションが苦手です。それが履歴書の作成や面接に影響することがあります。

一般的に、履歴書や面接では自分のよいところをアピールするものです。ところがアスペルガー症候群の人は、長所も短所も、希望も不安もはっきりと言ってしまうことが多いのです。

その姿勢が誤解を招いたり、敬遠されたりして、不採用になることがあります。自己アピールの仕方がずれている、という問題があるのです。自力で直すのが難しければ、支援者に指導してもらうことも考えましょう。

必要なことだけ教わる

面接で聞かれることは、企業によってさまざまに違います。そのすべてを予習することはできません。応募書類に書く内容も、千差万別です。必要最低限のことを教わって、対処していきましょう。

履歴書の添削

書いてよいこと、よくないことを明確に示してもらい、それを原則として覚える

実際に履歴書を書いて、支援者にみてもらう。書くとプラスになること、マイナスになることを教わる

面接の練習

支援者からの質問に答える。最後に、回答のなかの問題点を指摘してもらう

同行

診断名を企業に告げて就職活動をする場合、支援者が面接に同行して、フォローすることもある

書くべきことがわかったら、それをふまえて応募

面接はひとりでも、同行してもらってもよい

面接は支援者といっしょに行く？

一般就労の場合は、基本的にひとりで行きます。ある程度、練習をしておけば、たいていの質問には答えられるからです。

支援者が同行するのは、診断名を告げて障害者雇用枠に応募する場合や、本人がコミュニケーションを苦手としていて、企業の雰囲気に慣れるまで、ひとりでは会話がしづらい場合などです。

自己記入シートで、職業適性を認識する

自分で書くことに意味がある

自己記入シートは、本人が自分の長所と短所を整理するためのものです。支援者が本人の能力を見極めるためにつくるスキルシートとは異なります。本人が自分で考え、自分で書くことが大切です。

情報を一度にまとめるのは大変なので、トレーニングや面談の際に、気づいたことはメモしておきましょう。

メモがそろってきたら、それを読み返して、内容を整理し、シートにまとめます。とくに書式はありません。自分が納得できる形でまとめてみてください。

できる・できないの自覚

できる

トレーニングやグループワークで実際にできたこと、結果が出なくても支援者が評価していること、自分が好きなことなど

発達障害がある人は、得意・不得意の差が大きい。その差を自覚する

できない

失敗しやすいこと、過去に失敗した経験があって不安なこと、感覚過敏や特性が影響して苦手なこと、自分が嫌いなことなど

理解を整理する

トレーニングや面談をおこなうと、自分のことがわかったように思えます。しかしそれだけでは、まだ整理ができていません。質問されても漠然とした答えを言ってしまう可能性があります。理解したことを紙に書いて整理し、自己理解を深めましょう。

就労支援を受けて、さまざまな作業を実践。何度か繰り返して経過をみる

実践した結果について、支援者と面談。自分にあっているかどうか考える

自己理解できたことを整理して、シートに記入。新たな理解があればまた書く

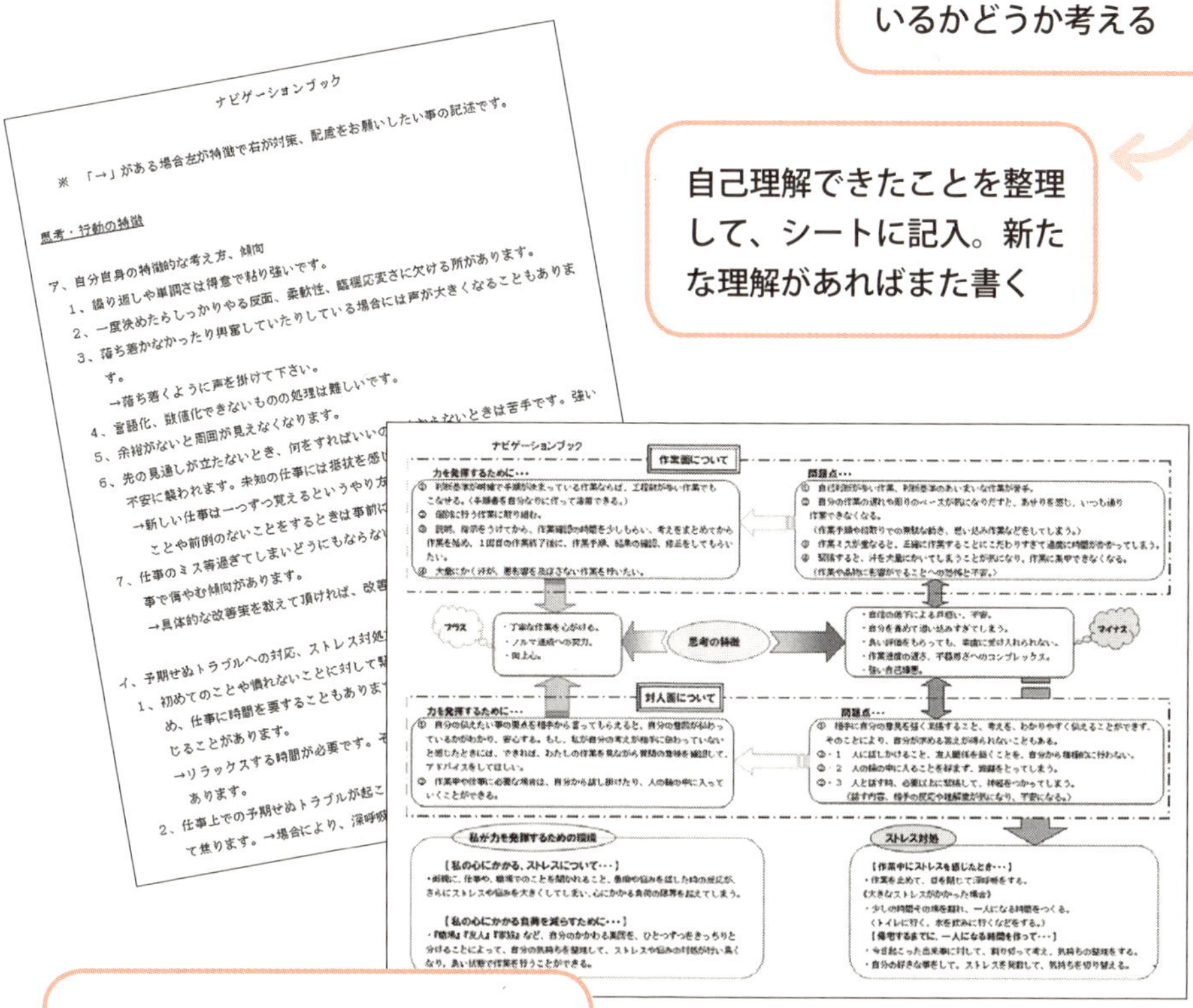
ナビゲーションブック

※　「→」がある場合左が特徴で右が対策、配慮をお願いしたい事の記述です。

思考・行動の特徴

ア、自分自身の特徴的な考え方、傾向

1、繰り返しや単調さは得意で粘り強いです。

2、一度決めたらしっかりやる反面、柔軟性、臨機応変さに欠ける所があります。

3、落ち着かなかったり興奮していたりしている場合には声が大きくなることもあります。

→落ち着くように声を掛けて下さい。

4、言語化、数値化できないものの処理は難しいです。

5、余裕がないと周囲が見えなくなります。

6、先の見通しが立たないとき、何をすればいいの……かわからないときは苦手です。強い不安に襲われます。未知の仕事には抵抗を感じ……

→新しい仕事は一つずつ覚えるというやり方……ことや前例のないことをするときは事前に……

7、仕事のミス等過ぎてしまいどうにもならない事で悔やむ傾向があります。

→具体的な改善策を教えて頂ければ、改善……

イ、予期せぬトラブルへの対応、ストレス対処……

1、初めてのことや慣れないことに対して緊……め、仕事に時間を要することもあります……じることがあります。

→リラックスする時間が必要です。そ……あります。

2、仕事上での予期せぬトラブルが起こ……て焦ります。→場合により、深呼吸……

ナビゲーションブック

作業面について

力を発揮するために…

問題点…

プラス

・丁寧な作業を心がける。
・ノルマ達成への努力。
・向上心。

思考の特徴

マイナス

対人面について

力を発揮するために…

問題点…

私が力を発揮するための環境

【私の心にかかる、ストレスについて…】

【私の心にかかる負荷を減らすために…】

ストレス対処

【作業中にストレスを感じたとき…】

障害者職業総合センターがとりくんでいる「ナビゲーションブック」の例。書式を決めず、利用者一人ひとりに自由にまとめてもらっている

人から言われたことだけでなく、自分で感じたこともふまえて、自ら整理する

自己記入シート

自分の強み、得意な作業のほかに、ストレスを受けやすい環境、集中しやすい環境なども書く。履歴書の予習としてとりくむと効果的

支援者やジョブコーチと連携して活動する

トレーニングや自己理解をへて、実際に就職活動をする段階になったら、支援者のほかに、ジョブコーチにも支援してもらいましょう。

相談しながら活動

自分ひとりで就職活動を進めていくと、書類審査や面接でつまずいてしまいがちです。どの企業に、どのような形で応募するか、支援者らと話しあいながら活動しましょう。

本人

希望する職種や企業を整理して、支援者に伝える。相談しないで応募すると、せっかくのチャンスに失敗してしまうことがあるので注意

支援者

本人の希望と、求人募集している企業の情報を整理。どの企業にしぼっていくか、提案してくれる。特性の告知も検討してもらう

ジョブコーチの支援を受けたい場合は、相談先にその旨を伝える。相談先で対応してもらえない場合は、地域障害者職業センターなどへ

ジョブコーチ

就労の前後数ヵ月に、集中的に支援をしてくれる。支援者が企業に直接出向くことができない場合には、ジョブコーチが企業と連携する

ジョブコーチとは

職場定着の支援をおこなう人。国家資格ではない。所属する機関によって、活動内容は異なる。地域障害者職業センターのジョブコーチは上記のように就労前後の支援をするが、他機関ではコーチが相談から支援までを広く担当する場合もある

※ジョブコーチの活動内容については、相談先の機関で確認してください

支援者から働きかけてもらう場合も

アスペルガー症候群の特性が仕事に影響する場合には、支援者やジョブコーチが企業にその旨を説明し、就労しやすい状況を整えることもあります。情報をどこまで企業に伝えるか、本人の意志が尊重されます。

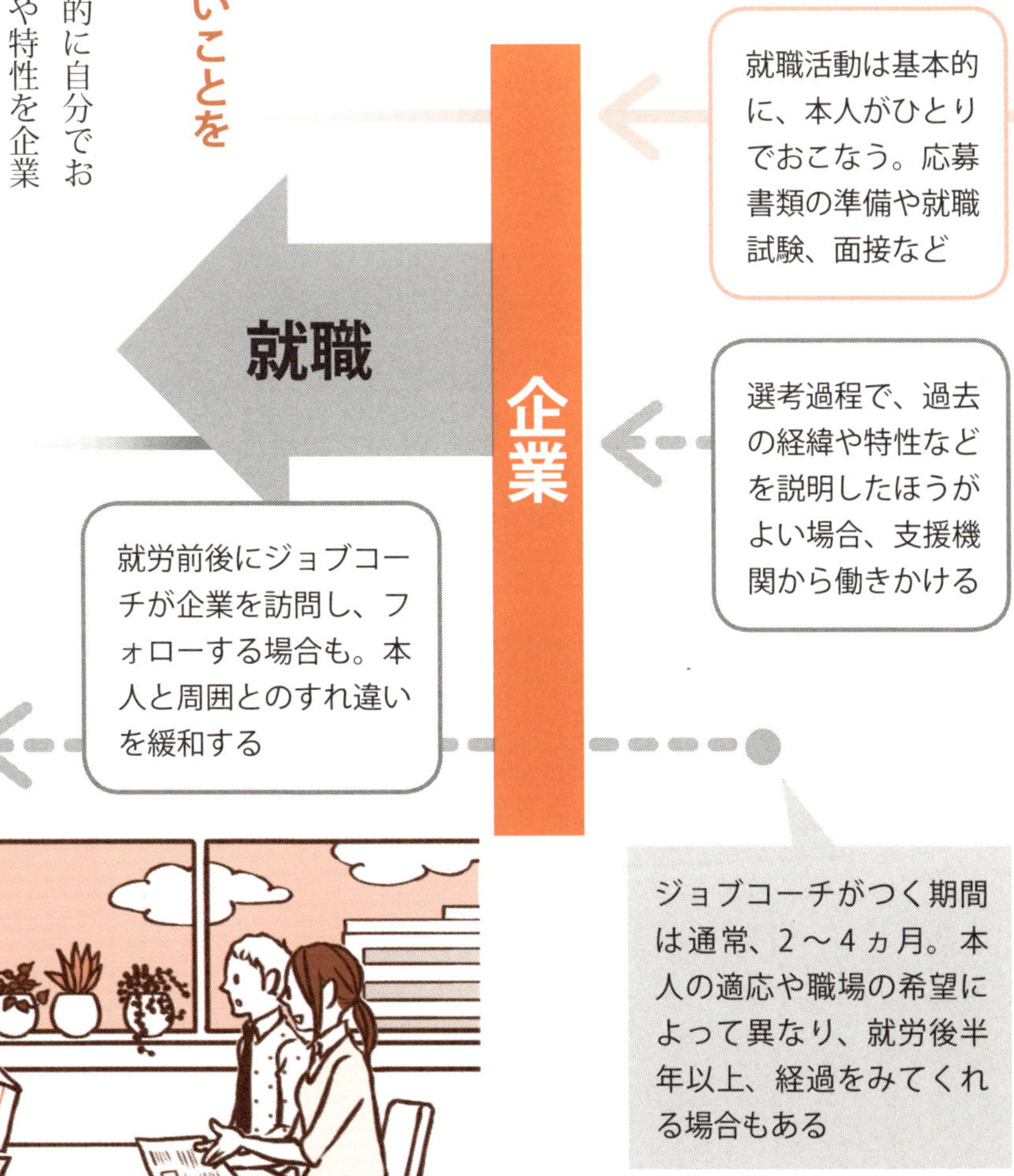
就職活動は基本的に、本人がひとりでおこなう。応募書類の準備や就職試験、面接など
選考過程で、過去の経緯や特性などを説明したほうがよい場合、支援機関から働きかける
就職
企業
就労前後にジョブコーチが企業を訪問し、フォローする場合も。本人と周囲とのすれ違いを緩和する
ジョブコーチがつく期間は通常、2～4ヵ月。本人の適応や職場の希望によって異なり、就労後半年以上、経過をみてくれる場合もある

自分では難しいことを支えてもらう

就職活動は、基本的に自分でおこないます。診断名や特性を企業に伝えるか、手帳を使って障害者雇用を利用するか、それらの判断も、自分で下します。

ただし、自分ひとりの力では難しいこともあります。適切な企業の選択、特性の説明など、難しいことには支援を受けましょう。

とくに、診断名などの説明をする際には、本人よりも支援者から伝えたほうが、客観的な情報となり、理解を得られやすいという面があります。

ジョブコーチが職場訪問して、特性について説明してくれることもある

三カ月のトライアル雇用を利用する

発達障害がある人は、トライアル雇用という制度を利用できます。一定期間、職場に勤めてみて、適性を確かめるという制度です。

短期間、実際に働く

トライアル雇用は、その名の通り、試用的な雇用のことです。実際に仕事をすることで、作業への適性や、職場適応の様子をみます。

トライアル雇用

短期間勤務して、職場適応をみるための制度。期間は原則として3ヵ月。すべての企業が実施しているわけではない。受け入れ先の企業を支援者などから聞き、応募して面接などをへて、雇用が決定する。

企業

本人がトライアル雇用の利用を希望。発達障害の告知も了承している

支援者やジョブコーチが、受け入れを希望している職場を本人に紹介

トライアルとはいっても、実際の仕事と同様の作業をする。期間終了後の継続雇用もみすえてスタート

お互いに仕事のマッチングをみる

トライアル雇用は、企業にとっても利用者にとっても、メリットのある制度です。積極的に利用しましょう。

企業は、試用期間をもうけることで、発達障害がある人の職場適応を確かめることができます。また、トライアル雇用を実施すると、国から奨励金が支給されます。

利用者は、実際の職場を体験することで、自分の働きぶりが理解できます。トライアル雇用を経験したあとは、仕事選びがスムーズになったという人もいます。

お互いに、仕事へのマッチングを試すよい機会になるというわけです。

仕事があえば継続雇用も

　トライアル雇用をする際、その後の正式採用をみすえている企業もあります。数名の参加者を募り、そのなかで職場と相性のよかった人を採用する形式が多いようです。先の予定もふまえて、勤務先を選びましょう。

郵便物や資料の仕分け作業など、補助的な業務が多い。期間中にできる作業を増やして評価される人も

雇用主、支援者、本人が職場適応の程度を検討。3ヵ月程度の期間があるので、おおよそのことはわかる

仕事をはじめてみて、悩みや不安が出たら、同僚やジョブコーチなどに相談。問題解決能力もみる

適応がみこまれれば、その後も継続雇用となる場合もある。試用のみをおこなっている企業もあるので、事前に確認を

実地で体験すると、面接ではわからないことがみえてくる。意外な作業が身につき、その後の就労に役立つこともある

ジョブコーチの声

　発達障害は、みためにはわからない障害です。口で説明しても、企業の採用担当者はなかなか実感できないようです。説明するよりも、働く姿をみてもらったほうが理解が早まります。

　トライアル雇用で仕事ぶりをみせると、「期待以上に働いてくれる」「サポートの仕方もわかった」などと評価してくれて、本人にとっても企業にとっても、よい環境が整います。

転職や再就職の場合も、することは同じ

過去に就職していた経験があり、自分で就職活動ができるという場合にも、支援機関に一度、相談してみましょう。意外な問題に気づくこともあります。

まずは誰かに相談

離職が続いてなかなか落ち着かず、困っている場合には、支援機関に相談してください。離職の理由を検討し、対策を打つことで、よい職場がみつかる可能性があります。

企業A

以前勤めていた企業でうまくいかず、離職。人間関係が問題になりがち

次の就職に向けて、相談。ハローワークや若者サポートステーションなどへ

相談をはじめれば、支援を受けられる。適応しやすい職場選びをスタート

転職・再就職の場合も相談先は同じ。発達障害の可能性を考えている場合は、発達障害者支援センターや地域障害者職業センターなどへ

誰にも相談をせず、失敗を繰り返していると……

抑うつ的に

どこの職場にいってもうまくいかず、離職が続くと、じょじょに自尊心が傷ついていく。抑うつ的になったり、不安障害が起きたりして、仕事への意欲を損ねかねない

自己像を見直す

転職・再就職を成功させるためには、自己像の見直しが必要です。これまでの職場には自分のなにがあっていなかったのか、相談しながら確かめましょう。そして、新たな自己理解に基づいて、就職活動をはじめます。

対話が苦手だと気づき、一方的に話せる講師の仕事を選んだ人もいる。質問は用紙で受け付ける

支援者に離職時の状況などを話し、希望や適職などを再確認。トレーニングやセミナーに参加して、自己理解を深めるのもよい

就職活動をスタート。発達障害があることに気づいた場合には、特性の周知や制度利用も考慮する

適性があわない職場に行かないように、就職活動をフォロー。定期的に相談を受け、失敗を防ぐ

企業B

転職・再就職に成功。それまで離職につながっていた点を見直し、サポートを受けると定着しやすい

マッチングができていないと離職しやすい

仕事を転々とするのは、ジョブ・マッチングができていないからだと考えられます。

仕事があわないから、ミスが続き、ミスが続くと、職場の人間関係が悪化します。その結果、離職してしまうのです。マッチングのミスは、つねに悪循環のもとになるため、見直す必要があります。

マッチングすることを支援してもらう

就労経験がある人には、履歴書や面接などの基礎的な支援は必要がない場合もあります。

それよりも、大切なのはマッチングの支援です。どの仕事に適性があるか、それを確かめます。

自分のことを客観的にみるのは、なかなか難しいもの。支援者からのアドバイスを参考に、仕事選びをやり直してみましょう。

Column

相談相手との相性が、すべてに影響してくる

完璧な相談員なんていない

相談員は、どんな悩みでも聞いてくれます。内容によっては答えてもらえないこともありますが、少なくとも相談はできます。

ただし、相談員もひとりの人間です。いつも完璧な対応ができるとはかぎりません。人それぞれ、苦手な分野もあります。

また、利用者と相談員の相性があっていない場合にも、相談がうまくいかないことがあります。

ひとりの相談員にすべてを頼むのではなく、さまざまな人に関わってもらいましょう。相性のよい相談員に中心になってもらい、ほかの人たちにも協力してもらうというのが理想的な態勢です。

相性チェックのポイント

専門知識

就労専門の人と、発達障害専門の人では、対応が異なる。自分の悩みにあった人を選ぶ

性別・年齢

いじめなどの影響で、特定の性別・年代の人に抵抗を感じる場合がある。別の人への相談も考慮する

支援の方向性

就職活動を積極的に押し進める人、相談しながらじっくり進める人など、一人ひとりスタイルが違う

相性があわない状態を我慢していると……

↓

支援を受けることが、かえってストレスに

3 専門的な支援がはじまっている

発達障害者支援センターや、地域障害者職業センターなど、
さまざまな名称の支援機関があります。
それぞれの活動内容を把握して、自分にあった機関を利用しましょう。

チャートでわかる！自分にぴったりの相談先

相談先が多くて、どこがよいかわからないという人は、左のチャートを利用してください。質問に答えていくと、自分にあう機関がわかります。

おおまかな方向性がわかる

チャートからわかるのは、必要な支援のおおまかな方向性です。あくまでも方向であって、唯一無二の正解ではありません。

実際に支援を受けていくなかでは、発達障害への自覚以外にも、個々のさまざまな悩みが関わってきます。それによって、方向性は変わります。

チャートの結果で第一歩を踏み出したら、その後は相談員との話しあいから、次にするべきことを探っていきましょう。

自覚の有無がポイントに

相談先を選ぶときのポイントは、発達障害への自覚の有無。自覚がある人はより専門的な機関へ、そして自覚がない人は、一般の就労支援が受けられる機関へ行きましょう。

発達障害の本を読んでみて、当てはまるところが多ければ、自覚あり

すぐに仕事をしたいですか？　それとも生活を安定させるのが先ですか？

仕事 → 自分には発達障害があると思っていますか？

生活 → 自分には発達障害があると思っていますか？

YES

障害の有無にかかわらず就労支援が受けられる、ハローワーク、若者サポートステーションなどへ。発達障害の可能性が高くなれば、他機関を紹介される

NO

まずは生活についての相談を。発達障害者支援センター、医療機関、役所の福祉課、当事者団体などが頼りになる。暮らしが落ち着いたら就労支援機関へ

YES

いまかかえている悩みを、身近な機関で相談する。医療機関（かかりつけ医でもよい）、役所の福祉課、保健センターなどで困っていることを率直に話す

NO

発達障害の診断を受けたことがありますか？

YES

発達障害であることを就職先に伝えて、支援を受けながら働くことが第一の選択肢に。地域障害者職業センター、発達障害者支援センターなどへ

NO

診断を受けたほうがよいかどうか、相談する。発達障害者支援センター、医療機関、地域障害者職業センターなどへ

診断

見立て

「バスに乗り遅れただけでパニックになる」などの相談内容から、相談員が発達障害の存在に気づき、知らせてくれる場合もある

自分にあった手帳を取得する

発達障害がある場合、それを周知せずに就職するよりも、障害者手帳をとり、周囲に理解を求めて働くほうが、職場適応しやすくなります。

とれる手帳は2種類

発達障害には手帳制度がありません。発達障害がある人は、障害への専門的な支援を受けたい場合、ほかの2種類の手帳をとるか、発達障害の診断書をもらうことになります。

療育手帳

知的障害がある人のための手帳。名称は地域によって異なる。各種福祉サービスが受けられる

条件

IQの数値が条件に。発達障害の場合、IQ70～80程度で取得できる場合がある。数値によって区分が異なる

発達障害の診断書

医師の診察を受け、発達障害だと診断されたことがわかる書類

2011年の改正障害者基本法で発達障害が精神障害にふくまれたため、発達障害の診断があれば精神障害者保健福祉手帳の取得を申請できる

精神障害者保健福祉手帳

精神疾患がある人のための手帳。各種福祉サービスが受けられる

条件

専門医を受診して、発達障害の診断を受け、半年以上経過していること

職業能力の評価

地域障害者職業センターのカウンセラーなどによって、職業能力の評価を受けると、それによってジョブコーチ、トライアル雇用などを利用できる場合もある

手帳や書類の取得状況によって、得られる支援が変わる

受けられる支援

手帳や診断書を取得すると、より充実した支援が受けられるようになります。手帳取得者が就労すると、企業に助成金が出るため、企業の側も積極的に支援するようになります。

手帳をとり、障害者雇用の枠で採用されると、周囲もよく支援してくれる

手帳をとるとチャンスが増える

手帳制度は、障害者を支援するためのものです。サービスに「障害者就労支援」「障害者雇用」などの呼び名が使われるため、抵抗を感じる人もいることでしょう。

手帳・診断書別の適用制度一覧

	障害者雇用率	助成金	職場適応訓練	ジョブコーチ	トライアル雇用
療育手帳	○	○	○	○	○
精神障害者保健福祉手帳	○	○	○	○	○
発達障害の診断書	×	×	×	○	○

（上記は一般的な適用基準。地域や企業によって詳細が異なる場合もある）

発達障害の診断書だけでもジョブコーチやトライアル雇用は利用できる。障害者雇用枠を利用する場合は、手帳が必要になる

しかし、手帳をとって支援の必要性をはっきり打ち出すと、理解が得やすくなります。適切な支援が受けられるようになり、職場適応しやすい環境が整います。

発達障害の特性に悩み、就労がなかなかうまくいっていないという場合には、手帳の取得や障害者雇用枠の利用も視野に入れて、就労を考えていきましょう。

手帳がなくても支援を受けられる社会をつくっていくことが理想ですが、いまはまだ、手帳を利用することが、支援を受けるための現実的な選択肢です。

事業主は労働者全体の2.0％以上の障害者を雇用しなければならない。その法定雇用率に達していない場合、納付金を納める。いっぽう、障害者雇用をしていると助成金を得られる場合がある。いずれも発達障害は対象外とされている

発達障害者支援センター

発達障害がある人を、年齢を問わず支援している機関。障害の特性や、専門的な治療教育（療育）などについて、相談できる

所在地一覧

http://www.rehab.go.jp/ddis/
相談窓口の情報 /
（発達障害情報・支援センターホームページより）

予約してからセンターへ。応接スペースがもうけられている場合が多く、ほかの人のことを気にせず相談できる

発達障害への支援

活動は主に4つ。いずれも発達障害への対応で、相談、全般的な支援、就労支援、知識を広めること。相談の結果を支援プログラムやほかの機関の支援策につなげていく

就労支援

仕事の悩み相談や就労支援機関との連携などが中心

就労支援は活動の一部。トレーニングなどは実施していない

発達障害対応がメイン

支援の対象は発達障害がある人です。診断がなく、自覚だけの状態でも対応してもらえます。

まずはパンフレットなどで連絡先を確認して、相談日などを問い合わせる

センターと関連機関が連携しながら支援

発達障害者支援センターに相談したあと、センターだけで支援がおこなわれるわけではありません。多くの場合、状況にあった相談先やトレーニングなども紹介され、複数の機関による支援態勢が築かれます。

発達障害者支援センター

相談する

所在地を調べて電話で連絡をとり、予約をとったうえで相談へ。悩みを伝える。発達障害全般について聞ける

支援センターは利用者の相談内容にあわせて、関連機関と連携をとり、支援をおこなっている

教育機関　**医療機関**　**就労支援機関**　**生活支援機関**　**そのほかの団体**

支援態勢ができる

就労支援も受けられる

支援センターと関連機関が連携しながら、就労支援にもあたってくれる。関連機関を訪れる際にセンターのスタッフが同行してくれる場合も。センターの活動内容は、地域によって異なる

活動が地域ごとに異なるのは、各地の人口規模や地域資源などに違いがあるから。くわしくは、各センターに問い合わせを

地域障害者職業センター

事業主、ハローワークと連携しながら、障害者の就労支援をおこなっている機関。障害者手帳がなくても、就労に悩んでいる人は利用できる

所在地一覧ホームページ

http://www.jeed.or.jp/jeed/location/loc01.html#03

職業評価が受けられる機関には、検査器具がそろっている

障害者の就労支援

相談、職業評価、トレーニングの実施、ジョブコーチ派遣などが中心。いずれも、障害に応じたサービスになる

障害者手帳がない人の就労支援

障害の診断や判定がない人も、相談・支援を利用できる

発達障害支援

特性にあわせたトレーニング、履歴書・面接の相談など

全国のセンターを統括する障害者職業総合センターが、発達障害者の支援プログラムを開発。一部のセンターは、そのプログラムにそって支援している

障害に応じた支援

基本的には、障害者のための支援機関です。各種障害に応じた就労支援をしています。発達障害への支援は、一部のセンターではじまりました。

就労前後に支援が受けられる

ハローワークや障害者雇用をおこなう企業と連携し、就労への道すじを準備しています。相談に行くと、プランを提案もらえます。また、ジョブコーチの協力を得られるのも特徴です。

相談する

予約をとって、相談へ。仕事の悩みであれば、どのような内容でもよい

地域障害者職業センター

就労支援

職業評価やトレーニング、セミナーなど、就職活動の準備支援を受けられる

診断を受ける

手帳などが必要な場合には、センターから医療機関の情報を提供してもらうこともできる

医療機関

障害者雇用を希望する場合は、診断を受け、その情報を職場に周知することが前提となる

就職活動

履歴書や面接の準備をして、求人募集に申しこむ。センターのスタッフが職場と連携をとり、支援が受けやすい環境を整えてくれる

カウンセラー

ジョブコーチ

ハローワーク

職場の採用担当者

センターのスタッフやカウンセラー、ジョブコーチなどが就労前後の本人の活動を支援。相談も随時受ける

仕事を続けていく

就労後の支援もおこなわれる。スタッフやジョブコーチによる定期的な相談など

職場の同僚

障害者就業・生活支援センターとは

地域障害者職業センターは、各都道府県に一ヵ所ずつ設置されていて、全国一律のサービスが受けられます。

障害者就業・生活支援センターは、それらとは別の組織です。社会福祉法人などを母体とする支援機関で、活動内容は個々に異なります。各都道府県に複数あり、利用しやすいのが特徴です。

地域若者サポートステーション

進路形成で悩んでいる若者を支援する機関。ニート、ひきこもりの状態を解消するための活動が中心。厚生労働省の委託事業

所在地一覧ホームページ
http://www.neet-support.net/about/supportstation_4.html

パソコンを使って就職活動の準備をすることもできる

障害に関係なく、就労をサポート

支援対象は、仕事について悩んでいる若者です。障害かどうか、自分ではわからない場合に適した相談先といえます。ただし委託事業のため、機関ごとに活動内容が異なります。

生活支援

相談、セミナーやグループワークの紹介、サークル活動への誘いなど

発達障害

くわしいスタッフがいる場合は、配慮してもらえる

就労支援

就労相談、支援プログラムの紹介、就職準備の支援など。企業紹介も

発達障害

支援を受けるなかで、発達障害の見立てがつけば、関連機関と連携する

基本的に専門性はないが、臨床心理士や社会福祉士がいる場合は対応してもらえる

※地域若者サポートステーションは、発達障害専門の支援機関ではない。専門は職業的自立の支援であり、障害への対応をとっていないところもある

ステーションが支援の母体に

サポートステーション（サポステ）は生活全般から就労まで、幅広く支援してくれます。サポステを拠点としながら、専門性が必要なときには関連機関と連携するというのが、適切な利用法です。

若者サポートステーション

相談する

仕事についての悩みを、率直に相談。予約をとってから行く

支援を受ける

個別面談、グループワークなどに参加。助言を聞き、生活の安定をはかる

相談の段階で発達障害の可能性が高いか、そのような自己申告があれば、医療機関と連携

就労支援

仕事への意欲が出てきたら、就職活動へ。履歴書記入などの指導を受ける

サポステと専門的な支援、両者のアドバイスを参考に就労する人もいる

フォローアップ

就労後も支援を受けられる。定期的にサポステを訪れ、報告や相談をする人も

就労後も、個別面談を利用できる。仕事の悩みを相談する機会に

相談、支援、就労、就労後のフォローと、継続して支援を受けられる

医療機関／発達障害者支援センター

診断を受ける

専門医の問診を受け、発達障害の有無を診断してもらう

特別な支援

障害の特性に応じた支援の受け方を知る。自己理解する

地域障害者職業センター／ハローワーク

就労支援

障害がはっきりした場合は、障害者雇用もふくめて検討。専門の支援を受ける

支援機関

ハローワーク

公共職業安定所。求人募集している企業の情報を集約し、求職者に情報提供をしている機関。就労支援もおこなっている

所在地一覧ホームページ

http://www.mhlw.go.jp/kyujin/hwmap.html

求人募集の情報を検索して、自分にあった職場を探すことができる

就労支援

仕事についての相談、求人情報の提供、職業評価、職業訓練など

発達障害への支援

コミュニケーションの苦手な人に向けての支援は受けられる

就労支援がメイン

ハローワークは求職者の支援機関です。就労への対応が中心となり、発達障害への専門的な対応はありませんが、悩みに応じた支援はおこなっています。

発達障害専門の支援はないが、コミュニケーションへの支援はある

専門的な支援はほかの機関へ

ハローワークは一般就労の支援機関です。しかし近年は、発達障害の困難によって離職する人が増えたため、障害も視野に入れて対応しています。とくに就職チューターによる支援が目立ちます。

相談する

求職の相談。希望の職種や条件、悩みなどを伝える。発達障害の問題には就職チューターなどが対応

ハローワーク

就職チューターなどが発達障害に気づき、診察をすすめてくれる場合も

診断を受ける

専門医の診察を受け、発達障害の有無を診断してもらう

医療機関

トレーニング

仕事に必要な能力を身につける必要がある人は、専門の学校へ。訓練を受ける

職業能力開発機関

就労支援

関連機関と連携をとりながら、職場を選ぶ。支援を受けて就職活動をする

ハローワーク

職業評価

職業適性や職業能力などをはかる。評価から、就労支援の方向性がみえる

地域障害者職業センター

就労

就労後の支援は多くない。ジョブコーチやほかの機関から支援が得られる

ジョブコーチ

就職チューターとは

コミュニケーションの苦手な若者が増えたため、その問題に専門的に対応する職員として、就職チューターが配置されました。臨床心理士や社会福祉士などが役割をになっています。

発達障害専門の相談員ではないのですが、コミュニケーションの苦手な人のなかには発達障害がある人も多いため、結果として、就職チューターは発達障害への対応もおこなうようになっています。

支援機関

役所の福祉課（障害福祉課）

関連機関のパンフレットが手に入る

市区町村の役所では、福祉課か、それに類する担当課が相談を受けている。相談先を選びきれない場合は、まずこちらへ

探し方

居住地域の役所に連絡をとり、発達障害支援の担当課を尋ねる

相談する

地域の関連機関のなかから、適切な相談先を教えてもらえる

支援機関

医療機関

発達障害やそのほかの障害について、診断・治療が受けられる。セミナーやトレーニングを開催している機関もある

探し方

かかりつけの病院や総合病院などで、専門医を紹介してもらう

診断を受ける

問診、心理検査、知能検査などをへて、診断が出る

＋

治療を受ける

生活改善や環境調整の指示が中心。うつや不安が強い場合、薬も処方される

支援機関

障害者職業能力開発機関

仕事に必要な技術を身につけるための機関。開発校、開発センターなどがある。各機関に特色があるので、利用前に確認を

探し方

ハローワーク、地域障害者職業センターなどで問い合わせ

トレーニングの例

- 障害特性にあった事務作業
- パソコンで図面・広告などを作成
- ビジネス文書や経理の実践講座

支援機関

精神保健福祉センター

医療機関と連携しながら、障害者の健康と自立を支援している機関

探し方

役所の福祉課や発達障害者支援センターなどに問い合わせ

相談する

発達障害や精神疾患の診断・治療・手帳取得などについて聞ける

デイケアに参加

利用者同士のディスカッションやグループ活動などに参加できる

支援機関

当事者団体・支援団体

発達障害当事者や支援者が運営している団体。正しい情報が得られる

探し方

発達障害者支援センターや右記のホームページで確認

- **NPO 法人アスペ・エルデの会**（http://www.as-japan.jp/）
  発達障害のある人を支援
- **社団法人日本自閉症協会**（http://www.autism.or.jp/）
  自閉症児・自閉症者を支援

Column

支援を受けるために必要な費用は？

多くの支援は無料で受けられる

発達障害者支援センターや地域障害者職業センターなど、国から指定を受けている公共機関では、支援は基本的に無料です。

相談、個別面談、関連機関の紹介、支援プログラムへの参加などが、無料です。ただし、いずれも交通費や電話代、食費など、実費は本人負担となります。

また、例外的に外部スタッフや会場などの手配が必要となり、有料となる支援もあります。利用前に確認してください。

一部のプログラムや診察は有料

支援を受けるなかで、医療機関で診察してもらう機会が出てきた場合には、その費用は自己負担となります。診察や検査、薬の処方など、いずれも有料です。

臨床心理士やカウンセラーにかかり、みてもらう場合も、有料となります。

そのほか、若者サポートステーションや障害者就業・生活支援センター、当事者団体などの機関では、有料のサービスもおこなわれています。

費用の目安

相談は無料で実施している機関が多い。個別面談は場合による

診察は有料。各種検査も、受検料がかかる場合が多い

支援事業の場合、参加費がかかることがある

※費用には機関ごとの差、診察の内容による差、保険診療と保険外診療の差などがある。数千円から数万円まで、さまざまで、目安はない

4
就職してから、受けられる 支援

就職できれば、あとは一生懸命働くだけ。それは、簡単なことに思えるかもしれません。しかし、仕事を続けていくのは、難しいことです。就職してからも、人によく相談をするほうが、仕事が長続きします。

就職後も、支援機関のフォローを受ける

職場に発達障害を伝えるか、そうでないかで、就労後の支援態勢は二つに分かれます。きちんと伝えたほうが、支援を受けやすくなります。

支援者が職場に説明してくれる

アスペルガー症候群の人は就職しても、仕事をはじめてから人間関係などに悩み、離職してしまいがちです。そのような不幸をさけるためには、同僚に特性を理解してもらうのがいちばんです。

できることなら、発達障害を職場に周知して、適切な支援を受けながら働きましょう。

それが難しい場合は、せめて得意・不得意を伝え、なんらかの配慮を求めてください。支援者から言ってもらうと、職場の人も受け入れやすいようです。

なにも伝えず、自分の努力だけで職場に定着するのは、簡単なことではありません。

2タイプのフォローがある

職場に発達障害を周知して、同僚と支援者に連携をとってもらうのが、第一の選択肢です。発達障害を打ち明けにくい場合は、できる範囲での支援を求めましょう。

就労支援

相談員や支援者には、悩みをはっきりと伝える。状況に応じた就労支援を得る

就職活動・就労

特性を職場に開示するかどうか、支援者と相談したうえで、自分で判断する

障害を伝えない一般就労か、伝える福祉就労か、二択で考えるのはよくない。一般と福祉の中間をめざして柔軟にかまえ、必要なことは伝えるとよい

職場に特性を周知するかどうかで、支援が二手に分かれる

伝え方

まず、得意な作業を伝え、戦力として認識してもらう。その後、特性と注意点を告げる。人材としてのいかし方を周知することが大切。告知の利点・問題点にも配慮を

告知のよさ

誤解が減る。対応が広まる。
お互いにプレッシャーがやわらぐ

告知の難しさ

過剰に意識させてしまう。
本人がつらい思いをする

同じ部署の人に特性を知ってもらう。それだけで職場に定着しやすくなる

職場に伝える

職場への周知

支援者が職場訪問し、特性とその対応法を説明。よく関わる人に伝えればよい

職場と支援者の連携

同僚と支援者が連携をとれるため、対応力が強化される。安心感のある職場に

職場に伝えない

自己管理の徹底

説明できない場合は、自己管理で対処。苦手なことには手伝いを頼むなど

就労後の面談

支援者に悩みを定期的に相談する。アドバイスを受けて、自分で働き方を調整する

発達障害がわかる前から在職していると、打ち明けにくい場合が多い。支援者との相談を軸にしながら、転職も視野に入れて様子をみる

ジョブコーチに仕事の悩みを相談する

就労後の悩みを相談する相手として適任なのは、ジョブコーチです。職場訪問や職場の同僚との会談など、積極的に動いてくれます。

数週間に一度、話す機会がある

ジョブコーチは就労の前後2～4ヵ月ほど、支援してくれます。その間、多いときは週に何日か、少ないときでも月に何度かは相談の機会をもうけて、話を聞いてくれます。

就労前。仕事への不安や、人間関係の悩みなどをジョブコーチに相談

就労。うまくいくところ、そうでないところが出てきて、悩みが新たに

仕事をはじめてから気づいた悩みを相談。職場の様子をみてもらってもよい

ジョブコーチのアドバイスをいかして働き方を見直す。職場訪問も頼む

さらに相談。油断しないように、よい点・よくない点を指摘してもらう

月に1～2回、職場訪問してもらうのが一般的。訪問日以外に聞きたいことがあれば、メールなどでも連絡がとれる

機械の使い方など、仕事そのものは自分で覚える。ジョブコーチには悩みを相談する

同僚にもジョブコーチはできる

支援機関を通じて派遣されてくるジョブコーチだけを頼るのではなく、まわりの人にもコーチになってもらいましょう。同僚や家族の協力も、職場定着の大きな支えになります。

いつでも相談できればストレスがたまらない

ジョブコーチにかぎらず、相談相手がいると、職場に定着しやすくなります。上司や採用担当者、家族、支援者など、誰でもよいので、相談相手をみつけましょう。

多くの人に関わってもらうと、ジョブコーチの負担も減って、コーチがより丁寧に対応してくれるようにもなります。

困ったら人を頼れるという環境をつくっておくと、日常的にストレスがたまりにくくなって、精神的にも安定します。海外では頼れる相談相手のことを、精神面を支える人という意味で「メンター」と呼ぶこともあります。

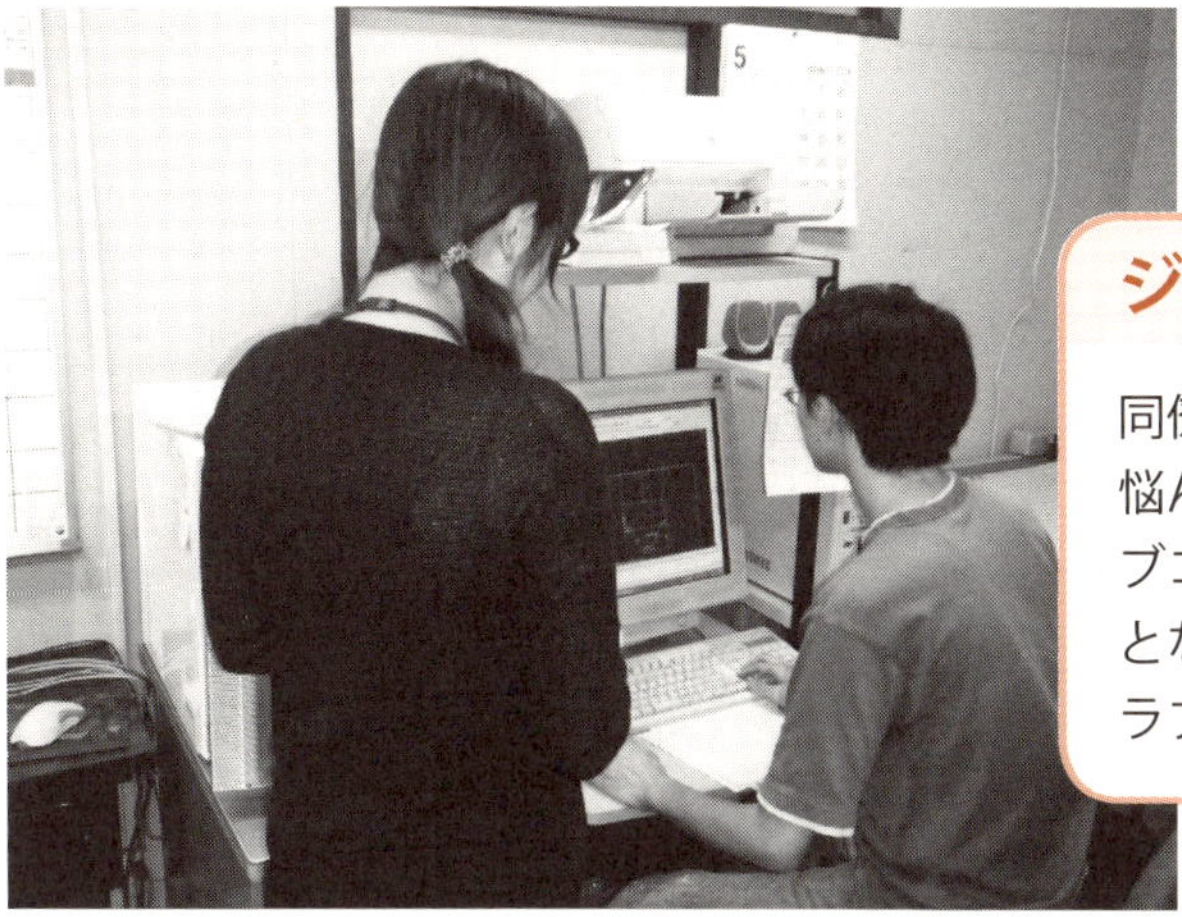

ジョブコーチ

同僚とのやりとりで悩んだときにはジョブコーチへ。仲介役となってもらい、トラブルを防ぐ

ジョブコーチは仕事の内容ではなく、職場でのすごし方をみている

同僚

仕事の内容については、同僚にコーチを頼める。指示の仕方を変えてほしいときなどに相談

家庭

生活全般の質問は家族に。対人関係の機微など、他人には聞きづらいことを教えてもらう

質問できる人がいると安心

同僚や家族に「相談相手になって」と言いづらい場合は、言い方を変えてみてください。

直属の上司や同僚などに、「わからないことがあったら質問してよいですか？」と聞いてみましょう。たいていの人は、承諾してくれるはずです。

その後、質問しすぎて「しつこい」と言われてしまったら、ジョブコーチや支援者に、質問の仕方を確認してください。

人間関係のトラブルは、小さいうちに防ぐ

仕事そのものはできるけれど、同僚と協調して働くことができず、離職してしまう人がいます。よい人間関係を築くことも仕事のうちだと考えてください。

問題ないと思っても、一応、まわりに確認する

アスペルガー症候群の人は、人間関係の維持や構築が苦手です。コミュニケーション能力や社会性が乏しいため、まわりの人と協調するのが難しいのです。

人間関係の問題を理解して、解決しようと努力している人はよいのですが、なかには、問題を自覚できていない人もいます。

職場で「態度が悪い」と評判になっていても、本人は「自分は悪くない。自分の仕事はしている」などと考えてしまうのです。

問題ないと思っても、念のため、周囲に自分の態度について、聞いてみてください。対処が必要なこともあるかもしれません。

人間関係と仕事のミスの悪循環

上司や同僚との関係がうまくいっていれば、仕事上の多少のミスは、許されるものです。反対に、人間関係が悪化していると、仕事にも厳しい評価が下されます。

人間関係のトラブル

社会性が乏しく、人に気をつかうのが苦手。率直な発言、あからさまな態度などが問題視されがち

- 異性をじろじろみてセクハラに
- 人の会話に突然、割りこむ
- 上司や同僚に悪口を言ってしまう

人間関係のトラブルが仕事の評価を落とし、仕事のミスが増えて人間関係も険悪に

仕事のミス

人の気持ちを読みとれないことが、仕事にも影響。指示や注意を聞かない、謝罪しないなどが問題に

- 注意をすぐに理解できない
- ミスをしたあとすぐに謝らない
- イライラすると作業が雑に

コミュニケーション能力や社会性の特性からきているミスもある

同僚を怒らせてしまったら、なにがいけなかったのか、別の人にすぐ聞く

人を怒らせない方法を覚える

人間関係のあらゆる問題に、柔軟に対応するのは不可能です。完璧な対応はめざさず、まずは人を怒らせない方法を覚えましょう。

覚える

問題になりやすいことを覚えて、さける。異性をみる、容姿について発言するなど

メモする

覚えることをメモして、メモをもとにマニュアルをつくる。書くと覚えやすい

すぐに相談する

トラブルがおきたら、すぐに誰かに相談。なにが問題だったのか確認する

気分を変える

イライラして冷静に判断できないことも。トイレや喫煙所などで気分を変える

職業センターなどにある休憩スペース。イライラ対策として、休憩のとり方を覚えておくとよい

同僚の声

人間関係のトラブルは、お互いの問題です。態度が悪いのは問題ですが、それを放っておく、まわりの人にも問題はあります。

私は、よくない点はどんどん指摘しています。社会性が乏しいとはいっても、シンプルに伝えれば、だいたいわかってくれます。それでトラブルは防げます。

仕事に必要なことはルールとして覚える

作業をルールとして覚えるようにすると、仕事が早く身につきます。ルールだと考えると、迷うことが減るため、作業がどんどん進みます。

職場の決まりを覚える

指示の受け方や作業の進め方などには、職場ごとの決まりがあります。それは就労前のトレーニングでは練習できません。就職してから、文字や図でマニュアルをつくり、覚えるとよいでしょう。

TEACCHを活用

アメリカ・ノースカロライナでうまれた自閉症治療教育プログラム「TEACCH」は、指示やルールを視覚化することを重視しています。その考え方が、仕事にも応用できます。

書類の整理が苦手な場合には、棚をカラーラベルで色分けする。作業効率がアップ

図で覚える

ものの配置や作業手順などは図にまとめる。確認できるよう、貼り出すのもよい

字で覚える

忘れっぽいことは字で書いておく。道具などに説明文を貼りつけると、ミスが減る

色で覚える

棚や道具、機械などにラベルやテープで色をつけ、作業しやすい環境を整える

お忙しいところ、
すみません

作業中の人に話しかけるときは、必ず最初に「すみません」と言うことを覚える

社会のルールを覚える

職場で仕事をするときの決まりごとも大切ですが、社会の慣習も大切です。常識やマナーです。常識的な態度も、ルールとして覚えてしまいましょう。

できること・できないことを把握する。そして、苦手なことはルール化する

することを決める

人間関係を安定させるために、必要なことだけ、ルール化する。職場でしてよい話題と、そうでない話題など

できることにしぼる

冗談を言う、人をほめるなど、ルール化しても身につきにくいこともある。できることだけ覚えればよい

計画を立てて覚える

ルールはすぐには身につかない。上司や同僚に待ってもらえるように、ジョブコーチなどと連携をとる

迷って困らないようにルールを決めておく

なかなか仕事が覚えられないという人は、一つひとつの作業をルール化して、そのルールを覚えるようにしてみましょう。

アスペルガー症候群の人は、指示を聞いたり、人の動作をまねしたりして、仕事を覚えるのが苦手です。そのかわり、必要な作業を視覚化して、それをみて覚えることは、得意です。

各作業の優先順位や正しい手順、報告の仕方などを、決まりとして覚えてしまえば、迷うことが減って、作業が安定します。

Aさん・Cさんの眠気対策アイデア集

情報が多すぎて混乱する

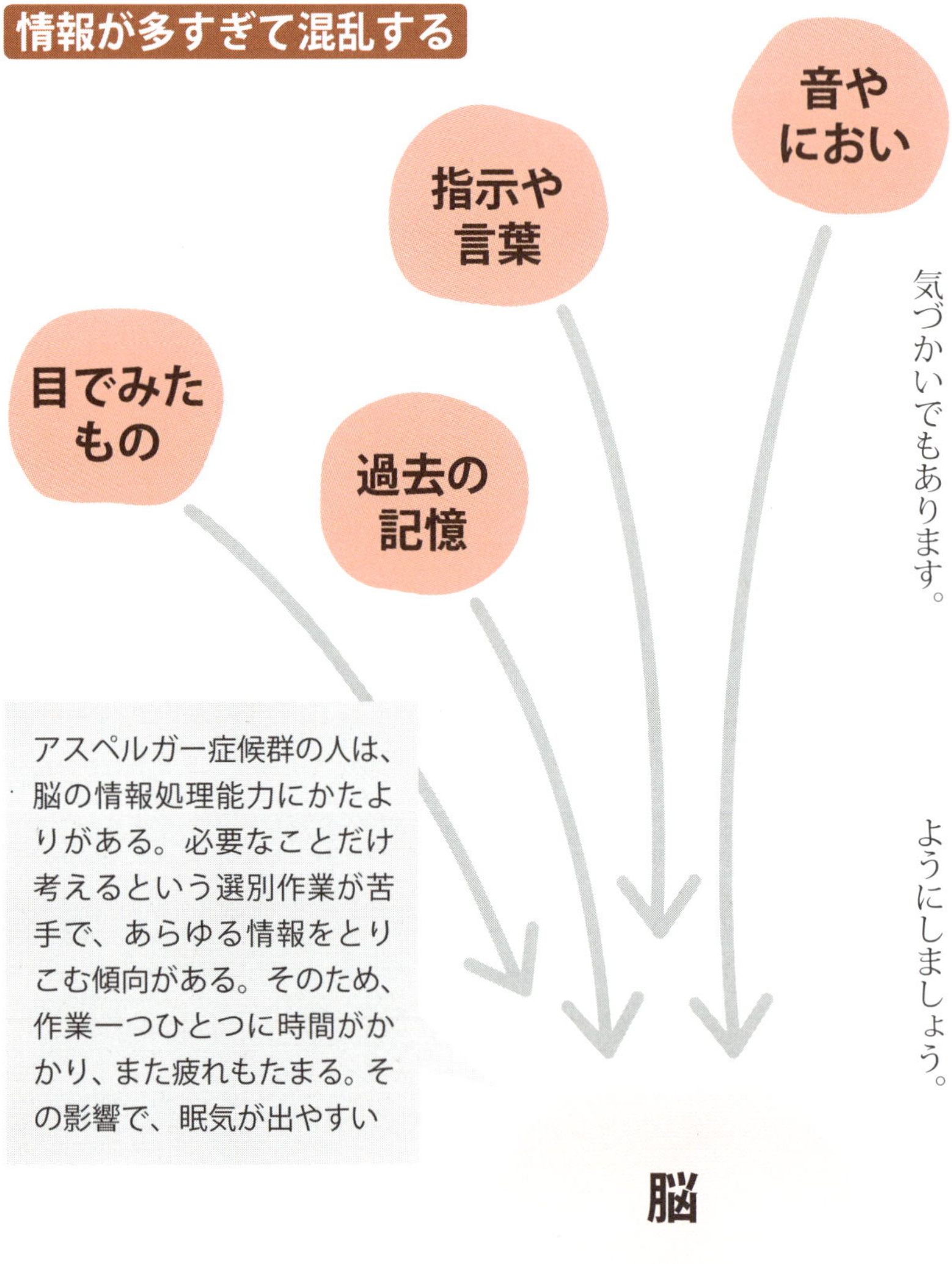

アスペルガー症候群の人は、脳の情報処理能力にかたよりがある。必要なことだけ考えるという選別作業が苦手で、あらゆる情報をとりこむ傾向がある。そのため、作業一つひとつに時間がかかり、また疲れもたまる。その影響で、眠気が出やすい

眠気をとり、集中するには

大多数の人は、仕事中に眠くなってしまったら、持ち場を一度離れたり、休憩をとったりします。眠気覚ましであり、周囲の人への気づかいでもあります。

アスペルガー症候群の人は、そのような気づかいが苦手です。眠くなると、仕事中でも居眠りや大あくびをしがちです。それが問題となって離職する人もいます。

眠気対策やストレス対策を身につけて、集中力を切らさず働けるようにしましょう。

眠気対策の例

Aさんや C さんなど、実際に働いているアスペルガー症候群の人たちが、眠気対策として実践している方法です。作業に集中しすぎる人は、2時間に1回というふうに時間を決めて、これらの方法を利用している場合もあります。

廊下に出て、立ったまま軽く腰をひねる。首や肩をまわすのもよい

方法はなんでもよい。実際にやってみて、あうものを採用する

- ストレッチ。筋肉を刺激すると、ストレス解消になる
- 外出して、携帯電話などで写真をみたり、音楽を聴いたりする
- 休憩をとる。リラックスできる道具を使うのもよい
- 一度、外出する。外気にあたると眠気が覚めやすい
- タバコを吸う、飲み物を飲むなど。気分を変える
- 顔や手を洗う。すっきりして、眠気が覚める

ストレスボール。握ったり、軽く投げたりして、イライラを解消する

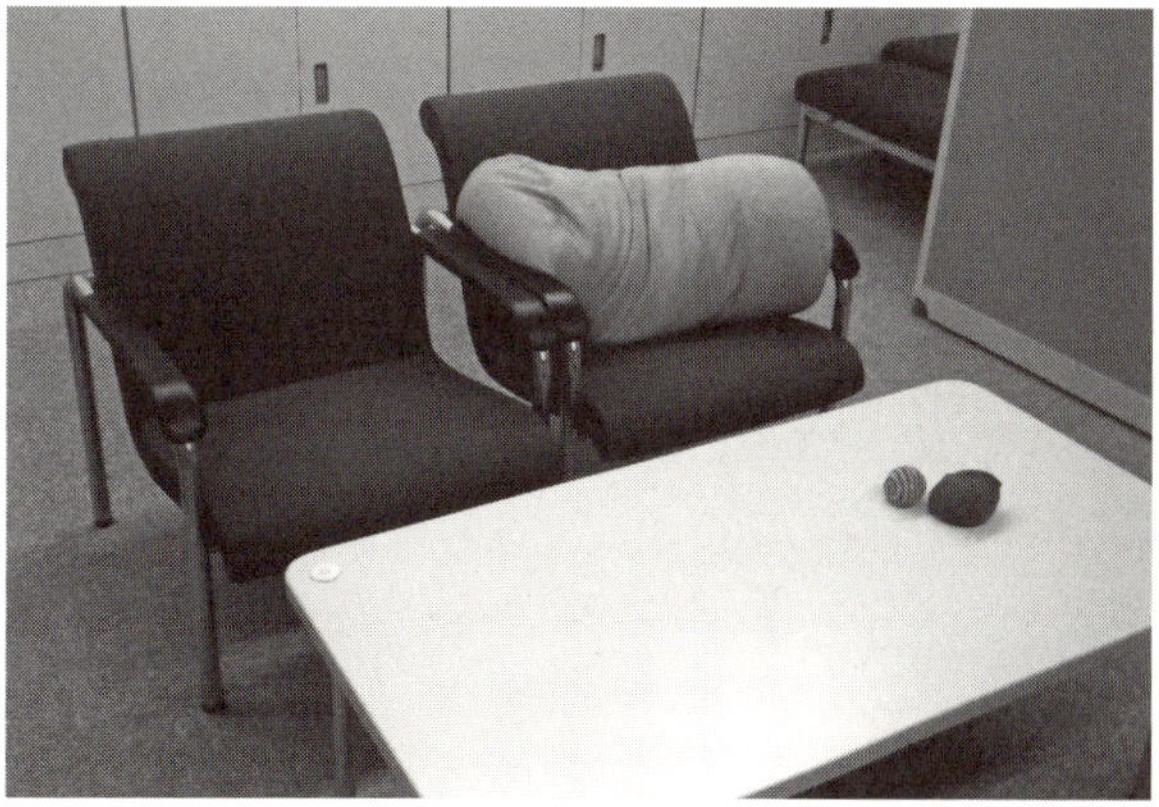

当事者の声

タバコを吸うと、眠気がとれます。でも、あまり頻繁に喫煙所に行くと、仕事が進みません。

私は上司と相談して、眠くなりやすい午後二時をタバコ休憩の時間に当てています。それ以外の時間は、ストレッチやおしゃべりなどで眠気に対処しています。

日誌で同僚とコミュニケーションをとる

対話によるコミュニケーションを、アスペルガー症候群の多くの人が苦手としています。その対策として、日誌や書類でのやりとりが活用できます。

書面でやりとりをする

アスペルガー症候群の人には、話し言葉よりも文字のほうが、コミュニケーションをとりやすい傾向があります。書面を利用しましょう。

本人

書面は、相手の顔色や仕草をみなくてよいので、コミュニケーション能力の乏しいアスペルガー症候群の人にとっては、やりとりしやすい。また、時間をかけて気持ちを整理できるのもよい

会話にもメリットはある。簡単な指示は話し言葉で伝えたほうが早い。注意もその場でしたほうがよい。話し言葉も使いながら、書面も使う

同僚

○月○日（月）
今日、担当した仕事の内容
感じたこと
問題点と、その解決策
明日の予定
・13時に会議室で打ちあわせ
・筆記用具、企画書、レコーダーを準備すること
まわりの人からひとこと

日誌の例。翌日の予定を書く欄をもうけると、予定変更のパニックも減る

担当した仕事の内容、感じたこと、問題点、その対策、翌日の予定などを書く。同僚が回答を書き、日誌を通じてコミュニケーションをとる

口で言えない不安も字なら書きやすい

コミュニケーションが苦手なアスペルガー症候群の人にとって、職場で同僚に話しかけるのは、なかなか難しいことです。話そう、話そうと思っているうちに一日が終わり、質問しなければならないことを翌日に繰り越してしまうということもあります。

そのままでは、いつか対話不足からくる問題が起きます。それを防ぐために、日誌を活用しましょう。文章ならはっきりと意思表明できるという人が多いようです。

同僚の声

本人は日誌に、率直な気持ちを書いてくれます。いいコミュニケーション手段です。困っていることもはっきり書いてくるので、それをみて対応を考えています。

ただ、職場への不満を書いてしまうことがあります。そのあたりはおおめにみるという姿勢でいないと、トラブルになりますね。

形にするとわかりやすい

アスペルガー症候群の人は、形になったものをみて理解するのは得意です。いくら話しても伝わらなかったことが、文字や図、絵などを使うと、すぐに理解できるということもあります。

視覚化

日誌
仕事の報告書として日誌をつける。形式にとくに決まりはない

シート
作業の結果などをシートに記録。本人が成果を実感しやすくなる

ボード
予定や手順などをボードに掲示。いつでも確認できて安心できる

名簿
人の名前と写真を一覧に。アスペルガー症候群の人は名前を覚えるのが苦手な場合も

仕事の予定や進行度、結果、今後の計画などがすべて形になれば、見通しを立てやすくなる。仕事への理解が進む

うつにならないよう、こまめに相談する

トラブルにあいやすいアスペルガー症候群の人は、失敗体験を重ねるうちに、抑うつ状態になってしまうことがあります。人によく相談することで予防できます。

自尊心が傷つけられ、うつに

失敗が積み重なると、自尊感情が損なわれていきます。その結果が、抑うつ状態です。うつ病になって医療機関を受診したことをきっかけに、発達障害に気づいたという人も相当数います。

仕事で失敗して何度も叱責され、自己否定的に。働く意欲を失い、ひきこもる

アスペルガー症候群には高学歴の人が多い。知識を役立てられず、挫折感を抱く

人を信じられなくなり、被害的な考え方に。抑うつ気分や不安にさいなまれる

自己不全感がつのって、二次的な障害が生じる

二次障害

うつ病

気力を失った状態。仕事にも趣味にも、やる気が出ない。気のもちようでは治らない。薬物療法などが必要

- 薬物療法（抗うつ薬）
- カウンセリング

パニック障害

特定の環境で、パニックになってしまう状態。乗り物の中や人ごみで、過呼吸のような発作が出る

- 薬物療法（抗不安薬）
- カウンセリング

強迫性障害

特定のものごとへのこだわりが激しくなり、日常生活に支障が出ている状態。強迫観念に満たされている

- 認知行動療法
- 薬物療法（抗不安薬）

誰でもよいので相談を

うつを防ぐためには、理解者が必要です。誰かひとりでも理解してくれている人がいると感じると、閉塞感はやわらぎます。家族でも同僚でも医師でも、誰でもよいので相談してください。

残業続きでつぶれてしまいそうだと思ったら、メールでもよいので、誰かに連絡をとって

仕事ができない、友達ができないという不全感にみたされ、抑うつ状態が続いている

- 職場のことはジョブコーチや同僚に。うつっぽいことは言わず、仕事の相談をするだけでもよい
- 特性や症状のことは医療機関や発達障害者支援センターに。診断が出て、すぐに治療を受けられる場合も
- 個人的なことは家族に。家族の理解が得られなければ、友人や知人でもかまわない

相談しだいで十分に防げること

抑うつ状態に陥るのは、理解者に恵まれず、充実した支援を受けられなかった人です。

周囲に理解者がいて、適度に話を聞いてもらえれば、そのような不幸な状態にはなりません。

まわりの人が本人の落ちこんだ様子をみて、声をかけるようにすれば、問題は解消するでしょう。

それと同時に、本人からも、周囲に相談をもちかけるようにします。ひとりで悩みを抱えこまないようにすることが大切です。

二次障害は、相談ひとつで防げることなのです。

失敗が続いていれば、上司や同僚も相談したいと思っているはず。上司の指示が空回りしている場合もある

Column

ジョブコーチ養成研修が開かれている

発達障害などについて講義をしている

障害者職業総合センターと地域障害者職業センターでは、ジョブコーチを養成するための研修をおこなっています。それらの研修に参加すると、障害者の就労支援の基礎知識が得られます。

誰でも参加できる一般の研修ではありません。職業センターや法人の職員など、ジョブコーチになる人たちが参加しています。

研修では、発達障害の特性や仕事上の課題、支援方法などについての講義が開かれます。発達障害にくわしいジョブコーチが、年々増えているということです。

障害者職業総合センターのジョブコーチ研修

毎年4回開かれている、5日間の集中研修。講義によって、障害の特性や適切な対応法、職場での支援の仕方などが伝えられている

発達障害や精神障害などについて、専門家が解説をする

支援の実際を紹介。本人、職場、家族への働きかけ方など

各機関の役割やシステムの解説。連携のとり方など

ジョブコーチになる人が全国から集まり、知識を得る

5 ライフスキルも少しずつ身につける

仕事をする力だけでなく、生活をしていくためのスキルも必要です。日常生活が安定していないと、せっかく手に入れた職を失うことにもなりかねません。

社交性ではなく、生活術を向上させる

発達障害がある人は「ふつうになりたい」と考えて、社交性を身につけようとがんばりすぎてしまう傾向があります。そこまでがんばらなくてよいのです。

社交性を引き出すのは難しい

アスペルガー症候群の人は、対話が苦手です。

練習をすれば、仕事に必要なあいさつや質問の仕方などは身につきます。しかしそれは、コミュニケーションの特性を克服したというわけではありません。

身につけた内容以外の対話では、やはり戸惑います。商品購入の勧誘や詐欺、異性関係など、対応すべきことは数限りなくあります。それらすべてに臨機応変に対応するのは、難しいでしょう。

無理に社交性を向上させようと考えず、必要な部分だけ生活術を身につけるという考え方で暮らすと、気持ちが楽になります。

「障害」はどこにある？

社会性の乏しさは、アスペルガー症候群の特性です。それが生活上の問題となったとき、はじめて障害となります。本人だけでなく、周囲の対応の問題でもあります。

関係者

発達障害の特性を理解せず、特別な支援をしない

当事者

特性にあった生活をしたり、支援を求めたりしない

特性が生活に悪影響を及ぼし、生活上の問題に

これが障害！

外国人の訪問に驚いてパニックに。予定を知らせていなかった周囲にも問題はある

来週のお知らせ

特別な用事は前もって知らせる。問題がなくなれば、障害は消えたということ

歩みよれば「障害」は消える

障害は、発達障害当事者と関係者がすれ違ったときに生じるもの。すれ違いをなくせば解消できます。特性は、問題につながらなければ、ひとつの特徴にすぎません。障害ではなくなるのです。

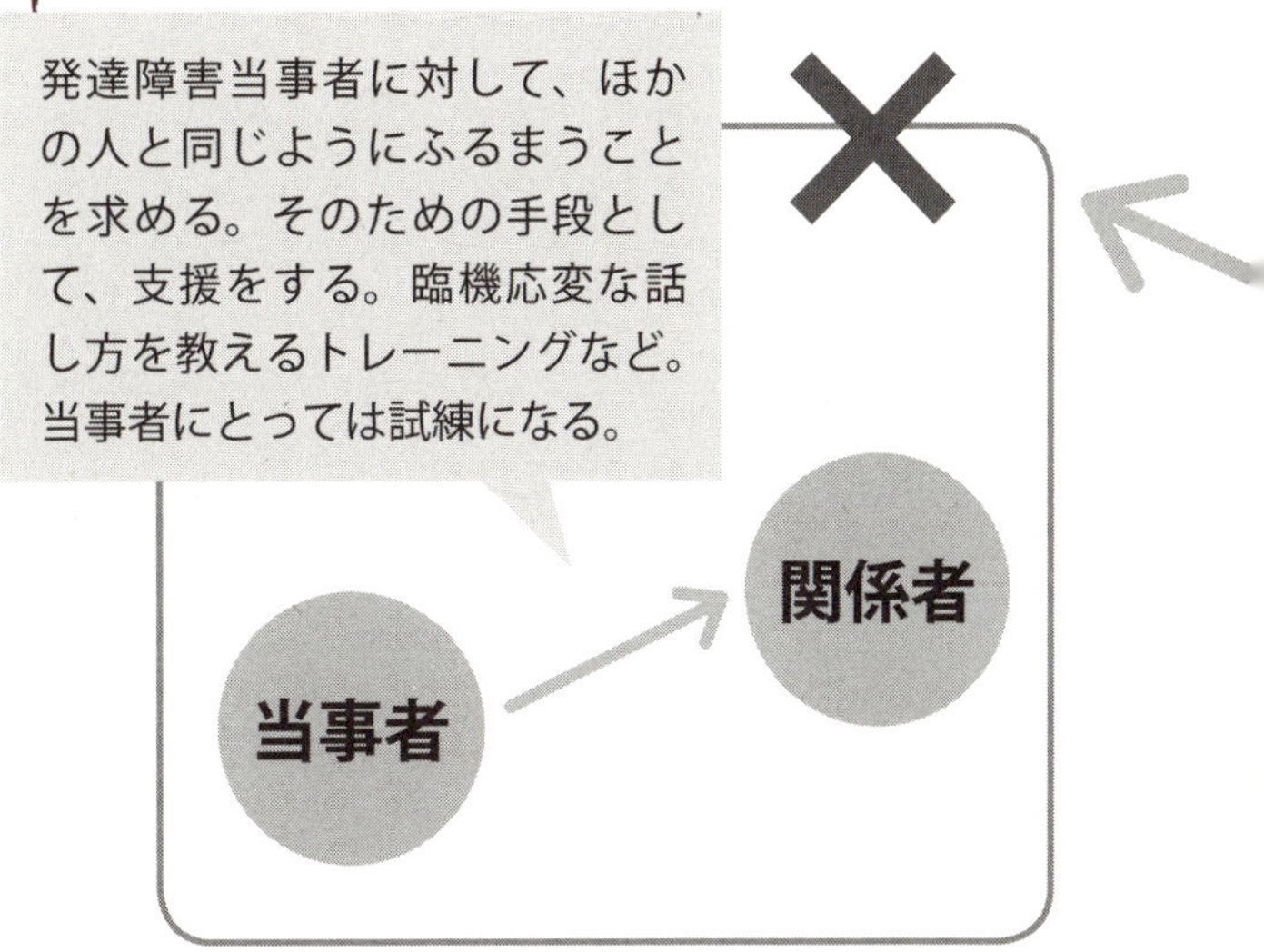

発達障害当事者に対して、ほかの人と同じようにふるまうことを求める。そのための手段として、支援をする。臨機応変な話し方を教えるトレーニングなど。当事者にとっては試練になる。
関係者
当事者

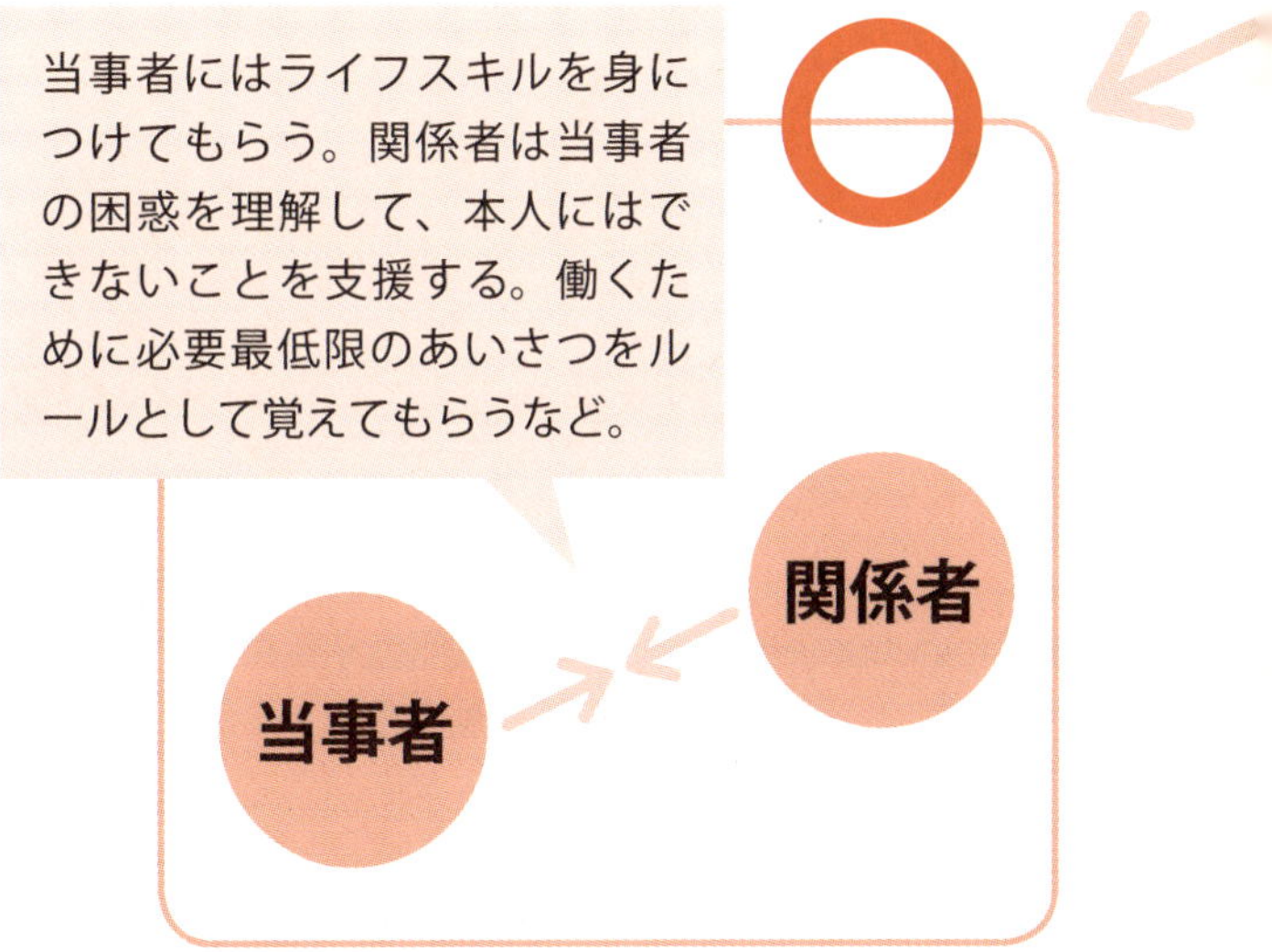

当事者にはライフスキルを身につけてもらう。関係者は当事者の困惑を理解して、本人にはできないことを支援する。働くために必要最低限のあいさつをルールとして覚えてもらうなど。
関係者
当事者

佐々木正美先生の声

発達障害がある方々に社交術を教える、「ソーシャル・スキル・トレーニング」という訓練があります。確かな指導者のもとで受ければ、効果的な支援となり、当事者たちの大きな助けになります。

しかし、私は本当にトレーニングが必要なのは、当事者ではなく私たちではないだろうか、とも思います。私たちが発達障害を正しく理解し、当事者との適切な接し方を学べば、問題の多くは解決します。そのような考え方で支援することが大切です。

余暇が安定すると、生活全体が安定する

仕事をずっと続けていくためには、余暇を楽しんだり、ゆっくり休んだりして、ストレス解消をはかっていくことが大切です。

余暇に気持ちが乱れやすい

アスペルガー症候群の人は、やることがあるときは気持ちが安定しているのですが、予定や役割がなくなると、とたんに考えこんでしまって、精神的に不安定になる傾向があります。

本人の気持ち

仕事はできるようになったけれど、友達ができない。ひとりでいるのはいけないことのような気がする

家にとじこもって考えすぎ、マイナス思考に

無理してサークル活動などに入り、ほかの人とケンカ

余暇に問題が生じる

同僚をしつこく誘ってしまい、仕事に悪影響が

自分はダメな人間だ、そしてまわりの人も、誰も助けてくれない。仕事をしたってなにもいいことはない！

遊ぶスキルも身につけたい

仕事のスキル以外に、遊ぶスキルや休むスキルも身につけると、生活全体が安定します。

遊びや休息の予定を立てることで、ストレスや疲れをコントロールできるようになります。それによって、体調を自己管理でき、仕事の安定感にもつながります。

休日の予定がある程度はっきりすれば、余計なことを考える時間が減ります。精神的にも安定するというわけです。

たかが遊び、と考える人もいるかもしれませんが、仕事を続けていくためには、適度に遊んで気持ちをきりかえることも、大切なケアのひとつなのです。

なにかを習慣づける

なにをするか迷ったら、ひとまず好きなことを習慣化しましょう。休日のこの時間は趣味の活動をする、と決めてしまえば、迷いがなくなります。

交流するのが苦手なら、ひとりボウリングでもよい。目標を立てて楽しむ

- ボウリング
- ゲーム・パソコン
- 打ちっぱなしのゴルフ
- ひとりカラオケ
- 美術館・博物館めぐり

休養する

なにもせず、体を休める。活動しないと罪悪感をもつ人もいるが、休むのは休日の賢いすごし方のひとつ。悪いことではない

個人で楽しむ

ほかの人とのかけひきが必要ない遊び。落ち着いてできる。気持ちがやすらぐ

集団で楽しむ

人と交流しながら遊ぶ。理解者がいれば、ストレスにならない。無理は禁物

- 学生時代の仲間と遊ぶ
- スポーツ大会などに参加
- 当事者同士のグループ活動

考え方

× 自由気ままに遊ぶ

↓

○ **余暇にもある程度、予定を立てる**

ライフスキル

生活リズムを保って、昼夜逆転を防ぐ

夜更かしや不眠などの影響で生活リズムを崩し、昼夜逆転状態に陥ってしまう人がいます。出勤できなくなり、仕事にも深刻な影響が出ます。

自己管理が苦手

アスペルガー症候群の人は、先の見通しを立てるのが苦手です。先々のことを考えて予定を変更することができず、そのせいで生活リズムを崩しがちです。

朝、早く起きたほうがよいのはわかっている。でも、今日片付けておくはずだった用事が残っているので、まだ寝られない

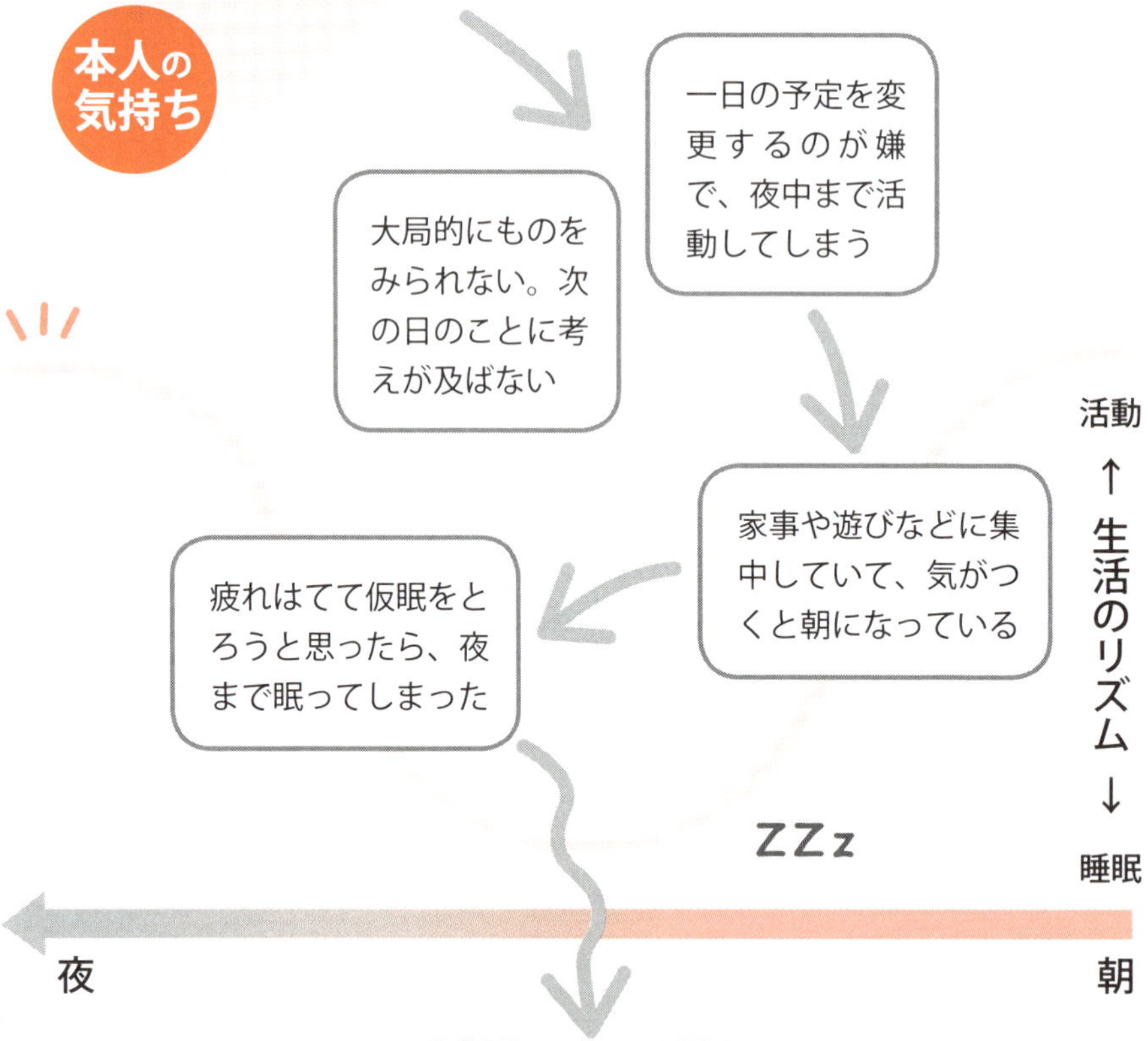
本人の気持ち
一日の予定を変更するのが嫌で、夜中まで活動してしまう
大局的にものをみられない。次の日のことに考えが及ばない
家事や遊びなどに集中していて、気がつくと朝になっている
疲れはてて仮眠をとろうと思ったら、夜まで眠ってしまった
活動
↑
生活のリズム
↓
睡眠
ZZz
夜
朝

昼夜逆転して仕事に行けなくなった自分が嫌になる。自分には家事や趣味と仕事の両立はできないと思いこんでしまう

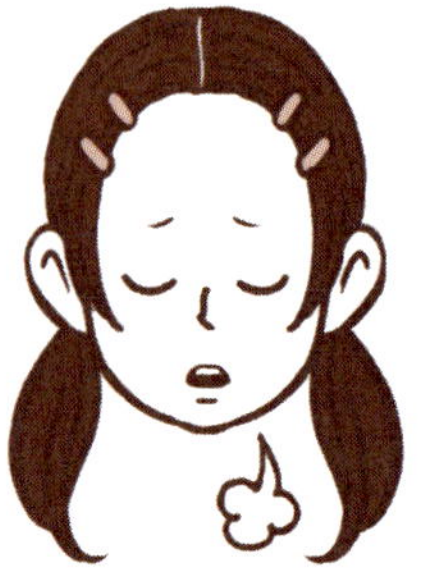

生活リズムを立て直す

考え方を変えるだけでは、生活リズムはなかなか直りません。それよりも、具体的な予定を立てて、昼間に活動しなければならない状況をつくりましょう。

「早朝に近所を散歩する」というルールを決める。記録をつけて自己管理する

役割をもつ

アルバイトやボランティア活動などの予定を入れる。やることがあると、余計なことを考える時間が減る

用事をつくる

外出する状況に自分を当てはめる。相談、会食など、相手のいる用事だと無断では休めないので、効果的

過活動しない

集中しすぎると、夜更かしにつながって生活リズムがまたくずれる。まわりの人に注意してもらう

考え方

× **気分を一新して、リズムを立て直す**

↓

○ **用事をつくって、規則的に外出する**

考えるより行動するほうがよい

昼夜逆転状態になりやすいという人は、よい解決法を考えるよりも先に、なんでもよいので、まず行動を起こしましょう。

生活リズムの問題は、考えても話しあっても、なかなか解決しません。わかっていても、改善できないから困るのです。

考えこむのはやめて、具体的な行動の予定を立てましょう。予定通りに行動することで、自然とリズムが直っていきます。

ライフスキル

ATMやICカードの使い方を身につける

大多数の人は、食べ物の注文の仕方や、ATMの使い方などを、自然と身につけています。アスペルガー症候群の人には、そこに支援が必要です。

できる・できないのギャップ

アスペルガー症候群の人は、難解な知識をもっているいっぽうで、日常生活のなかでごく簡単なことに戸惑います。それも特性の影響のひとつです。

興味がある分野については、専門家も顔負けの知識がある。難解な理論もわかる

少し考えればわかるようなことが、意外とできない。食事のときのマナーなど

本人の気持ち

自分の学び方にかたよりがあるとは思わない。マナーは教わっていないだけで、教わればできるのに、誰も教えようとしない

社会人として当然のふるまいができない。変人なのか、手を抜いているのか、などと誤解される

何度も叱責されるうちに、自分に自信がなくなってくる。できていたことも、不十分なのではないかと考えはじめてしまう

レストランで「コーヒーと紅茶、どちらがよろしいですか？」と聞かれ、両方と答えてしまう

いま自分の生活に必要なことを覚える

世の中に、完璧な人などいません。誰にでも、ひとつやふたつは苦手なことがあります。しかし、苦手なことがあっても、生活に不便がなければよいのです。

では、生活するために必要なスキルはなにかというと、じつはそれほど多くありません。いくつかの特定のふるまいと、金銭管理に必要な作業などを覚えてしまえば、あとはどうにかなるものです。

必要なことだけ覚える

自分の一日の生活を想像してみましょう。うまくこなせていない作業は、いくつありますか？ それらを、周囲の協力を得ながらマニュアル化して、単純作業として覚えます。すると、生活上の問題は大半が解消します。

生活に必要なスキル

必要なことは人それぞれ違う。自分の生活を書き出して考えてみるとよい

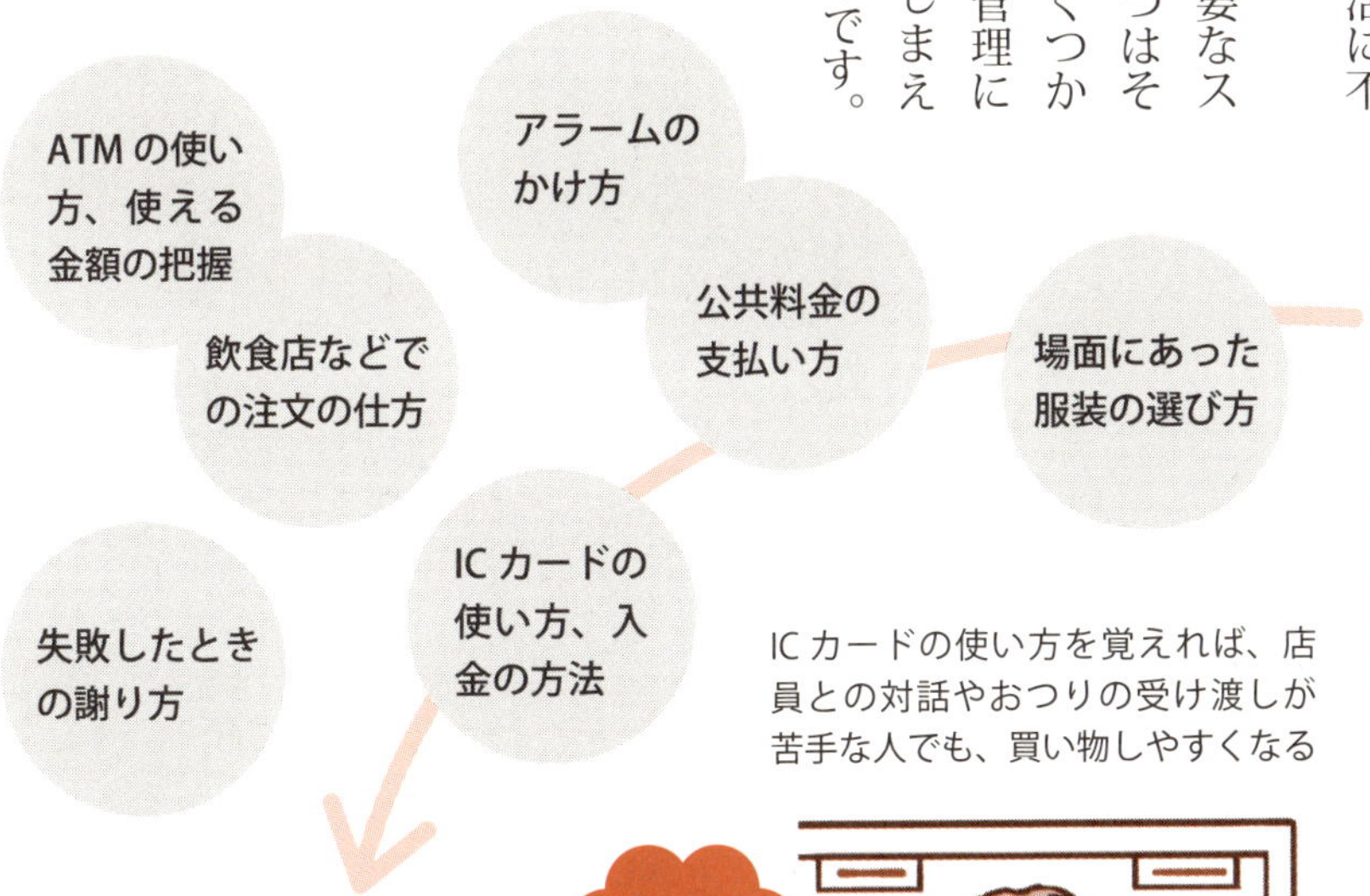

ATMの使い方、使える金額の把握
アラームのかけ方
飲食店などでの注文の仕方
公共料金の支払い方
場面にあった服装の選び方
ICカードの使い方、入金の方法
失敗したときの謝り方

ICカードの使い方を覚えれば、店員との対話やおつりの受け渡しが苦手な人でも、買い物しやすくなる

考え方

× **生活スキルをまんべんなく身につけて「ふつう」の人になる**

↓

○ **できないことはできないと割りきる。必要なことだけ覚える**

勧誘やテレビショッピングには注意が必要

生活のなかにひそむ問題点として、留意しておきたいのが、金銭トラブルに巻きこまれやすいということ。あの手この手で勧誘してくる相手には、注意が必要です。

相手を疑えない

アスペルガー症候群の人は、他人の言葉の裏に隠された本意を読みとることが苦手です。言葉を字義通りに受け止めて、人を信じきってしまうことがあります。

金銭トラブル

知りあって間もない友達に金を貸してしまう

募金の知らせがあると、大金を渡そうとする

訪問勧誘に応じて、必要のないものを買ってしまう

本人の気持ち

人を疑うのはよいことではない。自分もいつも支援してもらっているのだから、困っている人がいたら助けたい

人のためだと思ってやったのに、裏切られて辛い。もう誰も信じられない。せっかく働いたのに無駄になった

対処するにも限界がある

現代社会には、さまざまな金銭トラブルがあります。強引な勧誘や振りこめ詐欺、高額商品の宣伝など、気をつけなければいけないポイントは無数にあるのです。

アスペルガー症候群の人が、それらをすべて回避して安定した生活を送るのは、至難の業です。

ひとつ対処法を身につけても、勧誘する側は、次から次へと新しい手を考えます。応用の苦手な本人の力だけでは、対処するにも限界があるのです。

勧誘にはすべて応対しないというくらいの心構えが必要です。

勧誘の応対はすべて人任せに

さまざまな勧誘に、アスペルガー症候群の人がひとりで対処するのは難しいことです。難しいことを無理にがんばろうとせず、家族に対応してもらいましょう。

通行中に声をかけられたら、必ず「忙しいので失礼します」と返答して立ち去る

危険なことを知る

勧誘や詐欺だけでなく、テレビやインターネットでの宣伝広告にも注意が必要。書かれていることを真に受けて、注意点をみずに品物を注文してしまうことがある

- キャッチセールス
- テレビショッピング
- インターネット通販
- アンケート方式の勧誘
- 特定団体への勧誘

×　対処法を身につける

断り方を覚えても、なかには表面上は誘いに思えない勧誘もあり、対処しきれない

○　人に任せる

見知らぬ人からの誘いには返答しない。勧誘がきたら家族に電話する習慣をつける

考え方

× **勧誘しにきた人を追い返せるように練習する**

↓

○ **はじめから相手にしない。へたに会話すると危険だと認識する**

家族の声

息子が、訪問販売で高額商品を買わされたことがあります。すぐに支援センターなどに相談して、契約解除の手続きができましたが、そのときは驚きました。

支援を受けはじめ、コミュニケーションの不安がだいぶなくなってきた矢先のことでした。状況が改善してきたときこそ、油断してはならないのだと感じました。

ライフスキル

アパート探しは、家族といっしょに

これからひとり暮らしをしようと考えている人は、ぜひ家族に協力を頼んでください。自分にあった環境を探すためには、ほかの人の助言が必要です。

ひとりだとこだわりが出る

アスペルガー症候群の人には、全体よりも細部に目を向ける傾向があります。そうしたこだわりが、居住のトラブルに結びつく場合があります。

本人の気持ち

部屋の間取りや環境の希望がはっきりしている

ドアノブの材質など、すごく気になるところがある

契約したあと、長期間住み続けられるかどうか不安

居住のトラブル

- 収入にあわない高額の賃貸契約を結んでしまう
- 部屋の使い方に問題があり、退去させられる
- 音やにおいなどの問題で近隣住民ともめる

自分はひとり暮らしもできない人間なんだ、こんなことでは生きていけない、という自己不全感でいっぱいに

お金がかかることほど人に頼むほうがよい

ひとり暮らしを独立のための第一歩だと考え、部屋探しから家具の手配まで、すべてひとりでこなそうとがんばる人がいます。

そのがんばりは、ときには失敗につながることがあります。

アスペルガー症候群の人は、ものごとを客観的に、大局的な視野に立ってみることが苦手です。

自分ではどうしても、興味の向く部分ばかりみてしまうもの。家族が同行すれば部屋全体をチェックしてもらえる

相談しながら進める

居住環境を整えるときには、即断即決は禁物です。家族や支援者らと相談しながら、少しずつ確実に進めていきましょう。

相談する

部屋を探しはじめる段階から相談。希望にあっているかどうか確認する

同行してもらう

不動産屋に行くときには、家族に同行してもらう。ひとりで決断しない

手続きを頼む

契約書などを交わす際は、家族に内容を確認してもらう。手続きの代行を頼むのもよい

保証人契約などが必要になる場合もある。友人には頼みにくいことなので、家族に頼みたい

賃貸契約の流れ

不動産屋に希望を伝える

↓

担当者と相談、物件を検討

↓

希望の物件を下見する

↓

下見の感想をふまえて検討

↓

契約、料金を支払う

考え方

× ひとりで部屋を借り、ひとりで生きる術《すべ》を身につける

↓

○ 不安のある部分に支援を求めるのは、よいこと

部屋を探すときにも、興味をもっていることに注目しすぎて、全体的には生活にあわない物件を選んでしまうことがあります。

ひとりで探すのはさけ、家族に確認してもらいながら話を進めるほうが、より住みやすい環境を探すことにつながります。

Column

「SCIT」の考え方を参考に、生活を見直す

アメリカでうまれた新しいトレーニング

最近アメリカでは、自閉症者の社交性を向上させようとするＳＳＴ（ソーシャル・スキル・トレーニング）よりも、具体的な生活術を教えるＳＣＩＴのほうが実践的だという考え方が出てきました。

ＳＣＩＴは、社会をどう認知して、どう行動するかという、具体的な行動指針を身につけるためのトレーニングです。

規則的に覚えるので、柔軟な社交性を身につけることが苦手な人にもぴったりです。結局なにをするのか、ということにしぼって、シンプルに学びます。この考え方は生活全般に活用できます。

SCIT Social Cognition & Interaction Training の略。社会認知と相互交流のためのトレーニング。アメリカ・ノースカロライナで高機能自閉症の療育に役立てられている

↓

社会をどう認知するか。どう認知されるかということも学ぶ

↓

どのように行動するか。対人交流を、具体的な行動で覚える

異性をみつめ続けると、問題になるということを認識する。仕事をするときは、手元をみるように行動を変える

■監修者プロフィール

佐々木正美（ささき・まさみ）

1935年、群馬県生まれ。児童精神科医。新潟大学医学部を卒業後、ブリティッシュ・コロンビア大学、小児療育相談センター、ノースカロライナ大学、川崎医療福祉大学などで子どもの精神医療に従事。専門は児童青年精神医学。監修書に『健康ライブラリーイラスト版　アスペルガー症候群のすべてがわかる本』（講談社）など。

梅永雄二（うめなが・ゆうじ）

1955年、福岡県生まれ。早稲田大学教育・総合科学学術院教授、教育学博士、臨床心理士。慶応大学文学部を卒業後、筑波大学、障害者職業総合センター、ノースカロライナ大学医学部TEACCH部留学、宇都宮大学などをへて、現職。専門は発達障害者の就労支援。編著書に『青年期自閉症へのサポート』（岩崎学術出版社）など。

●編集協力
オフィス201

●カバーデザイン
小林はるひ
（スプリング・スプリング）

●カバーイラスト
山本正明

●本文デザイン
南雲デザイン

●本文イラスト
橋本千鶴
千田和幸

こころライブラリー　イラスト版

アスペルガー症候群《しようこうぐん》　就労支援編《しゆうろうしえんへん》

2009年8月25日　第1刷発行
2015年8月24日　第6刷発行

監修	佐々木正美（ささき・まさみ） 梅永雄二（うめなが・ゆうじ）
発行者	鈴木 哲
発行所	株式会社 講談社 東京都文京区音羽2-12-21 郵便番号　112-8001 電話番号　編集　03-5395-3560 販売　03-5395-4415 業務　03-5395-3615
印刷所	凸版印刷株式会社
製本所	株式会社若林製本工場

N.D.C.493　98p　21cm

ISBN978-4-06-278960-8

■取材協力・写真提供

NPO法人「育て上げ」ネット
障害者職業総合センター
たちかわ若者サポートステーション
東京障害者職業センター
東京都発達障害者支援センターTOSCA
東京労働局
栃木障害者職業センター
横浜市発達障害者支援センター

■参考文献

梅永雄二編著
『こんなサポートがあれば！ 1 LD、ADHD、アスペルガー症候群、高機能自閉症の人たち自身の声』『同 2』（エンパワメント研究所）

テンプル・グランディン／ケイト・ダフィー著、梅永雄二監修、柳沢圭子訳
『アスペルガー症候群・高機能自閉症の人のハローワーク　能力を伸ばし最適の仕事を見つけるための職業ガイダンス』（明石書店）

厚生労働省／発達障害者雇用促進マニュアル作成委員会編著
『発達障害のある人の雇用管理マニュアル』（厚生労働省）

小林信篤編著、佐々木正美他23名著
『TEACCHプログラムによる日本の自閉症療育』（学習研究社）

佐々木正美著
『自閉症児のためのTEACCHハンドブック 改訂新版 自閉症療育ハンドブック』（学習研究社）

講談社　健康ライブラリー　イラスト版

アスペルガー症候群・高機能自閉症のすべてがわかる本

児童精神科医
佐々木正美　監修

自閉症の一群でありながら、話し言葉は達者なのが、アスペルガー症候群。自閉症と異なる支援が必要です。

定価1260円

アスペルガー症候群・高機能自閉症の子どもを育てる本　学校編

児童精神科医
佐々木正美　監修

友達付き合いや勉強、当番、部活動など学校生活での問題をとりあげた一冊。支援のポイントがわかります。

定価1260円

家庭編　アスペルガー症候群・高機能自閉症の子どもを育てる本

児童精神科医
佐々木正美　監修

いますぐ家庭でできる支援のアイデアが満載の一冊。家事や生活習慣、マナーなどを優しく教えられます。

定価1260円

AD/HD（注意欠陥/多動性障害）のすべてがわかる本

東京都立小児総合医療センター顧問
市川宏伸　監修

落ち着きのない子どもは、心の病気にかかっている？多動の原因と対応策を解説。子どもの悩みがわかる本。

定価1260円

講談社　健康ライブラリー　スペシャル

完全図解　アスペルガー症候群

児童精神科医
佐々木正美　総監修
宇都宮大学教育学部教授
梅永雄二　監修

アスペルガー症候群の人たちは、周囲の人の適切な理解と支援があれば、必ずといってよいほど、すぐれた能力を発揮します。そのために役立つ情報を、家庭での支援から、保育園・幼稚園での対応、小・中学校の特別支援教育、思春期の人間関係、高校・大学の受験、就職活動まで、年代ごとに分け、実例を紹介しながら解説しています。

定価1995円

定価は税込み（5%）です。定価は変更することがあります。